유심안락도

유심안락도

원효 저 ─ 혜봉 역주

정토와 극락왕생에 대한
원효대사의 명쾌한 법문

운주사

일러두기

1. 이 책에서 사용한 원문은 한국불교전서(이하 한불전) 권1에 수록된 『유심안락도』의 판본을 사용하였으며, 원문의 단락 구분은 『국역원효성사전서』 권6의 『유심안락도』를 참조하였다.

2. 한불전에는 금릉각본, 대정장본, 속장경본 등 여러 판본을 대교對校한 주석을 달았는데, 여기서는 한불전을 저본으로 하되 한불전의 대교 주석을 참고하여 다른 글자의 경우, 본문의 문맥에 부합되는 글자를 선택하고 각주에 이를 표시하였다. 아울러 이자異字로 인해 본문이 다르게 해석될 수 있는 경우에는 각주에 해당 판본과 글자를 한불전과 비교하여 표시하였다.

3. 본문의 세부 목차는 원문에는 없지만 독자의 편의를 위해 편집자가 내용에 따라 붙인 것이다.

간행사

원효성사元曉聖師는 우리나라 역사상 가장 위대한 종교가요 사상가며 저술가입니다.

그러기에 그가 남긴 많은 저서는 우리민 족의 문화적 보물이요, 그에 담긴 화쟁和諍 원융무애圓融無碍의 사상은 만고불후萬古不朽의 금강보석 같은, 인류의 정신문화 유산이라 아니할 수 없습니다.

원효성사께서 남기신 금과옥조 같은 2백여 권의 저서 중에서 『유심안락도』는 극락왕생의 길을 설하신 것입니다.

그러나 그것은 만인이 이해하기 어려운 한자본이어서 은사 혜봉慧峰 큰스님께서는 모든 불교인들이 쉽게 이해할 수 있도록 하기 위해서 혼매한 지경에 이르는 구순九旬의 나이에도 틈틈이 국역에 심혈을 기울여 번역하셨으나 채 간행하지 못하고 타계하셨습니다.

제자인 저가 그 원고를 보관하고 있었는데 이번에 도서출판 운주사의 도움으로 발간하게 되어 오늘에야 빛을 보게 되니 무한한 기쁨과 아울러 제자로서의 아픈 마음 금할 길 없으며, 은사님의 지혜롭고 인자하신 생전 모습이 새삼 떠오릅니다.

아무쪼록 이 한 권의 책이 많은 불자님들의 염원인 서방정토극락

국에 왕생할 수 있는 길잡이가 되었으면 합니다. 이 불사佛事가
원만하게 이루어질 수 있도록 도움을 준 운주사 관계자분들의
노고에 깊이 감사드립니다.

월아산 법륜사에서

주지 연경 합장

遊心安樂道
유 심 안 락 도

마음이 극락에서 노니는 길

海東沙門 釋元曉 撰
해 동 사 문 석 원 효 찬

해동사문 석원효가 찬술하다

遊心安樂 略開七門 初述教起宗致 二定彼土所在 三
유 심 안 락 약 개 칠 문 초 술 교 기 종 치 이 정 피 토 소 재 삼

明疑惑患難 四顯往生因緣 五出往生品數 六論往生
명 의 혹 환 난 사 현 왕 생 인 연 오 출 왕 생 품 수 육 논 왕 생

難易 七作疑復除疑
난 이 칠 작 의 부 제 의

'유심안락'을 간략히 일곱 문으로 나누어(開) 설명한다.

첫째는 가르침이 일어난 근본 취지(宗致)를 서술하고,

둘째는 서방정토가 있는 곳을 논정하고,

셋째는 의혹의 환란을 밝히고,

넷째는 왕생의 인연을 나타내고,

다섯째는 왕생의 품수를 드러내고,

여섯째는 왕생의 어려움과 쉬움을 논하고,

일곱째는 의심을 일으킨 것에 대해 거듭 의심을 제거하는 것이다.

1. 가르침이 일어난 근본 취지를 서술함

1) 중생의 심성

言述教起宗致者 原夫衆生心性 融通無礙 泰若虛空
언 술 교 기 종 치 자 원 부 중 생 심 성 융 통 무 애 태 약 허 공

湛猶巨海 若虛空故 其體平等 無別相而可得 何有淨
담 유 거 해 약 허 공 고 기 체 평 등 무 별 상 이 가 득 하 유 정

穢之處 猶巨海故 其性潤滑 能隨緣而不逆 豈無動靜
예 지 처 유 거 해 고 기 성 윤 활 능 수 연 이 불 역 기 무 동 정

之時 爾乃或因塵風 淪五濁而久轉 沈苦浪而長流 或
지 시 이 내 혹 인 진 풍 윤 오 탁 이 구 전 침 고 랑 이 장 류 혹

承善力 截四流而不還 至彼岸而永寂 若斯動寂 皆是
승 선 력 절 사 류 이 불 환 지 피 안 이 영 적 약 사 동 적 개 시

大夢 以覺言之 無此無彼 穢土淨國 本來一心 生死涅
대 몽 이 각 언 지 무 차 무 피 예 토 정 국 본 래 일 심 생 사 열

槃 終無二際
반 종 무 이 제

'가르침이 일어난 근본 취지를 서술함'에 대해 말한다.

무릇 중생의 심성心性은 막힘없이 통하여 걸림이 없나니, 크기
는 허공과 같고 깊기는 큰 바다와 같다. 허공과 같기 때문에 그
바탕(體)이 평등하여 특정한 모양이랄 것이 따로 없으니 어떻게
깨끗하고 더러운 곳이 있겠는가? 큰 바다와 같기 때문에 그 성품이
윤택하고 부드러워 능히 연緣을 따르면서도 거스르지 아니하니
어찌 움직일 때와 고요할 때가 없겠는가?

그리하여 혹은 번뇌의 바람(塵風)으로 인하여 오탁五濁¹에 빠져
오랫동안 구르기도 하고, 괴로움의 물결(苦浪) 속에 잠겨 길이
흘러가기도 하며, 혹은 착한 힘(善力)을 이어받아 사류四流²를
끊고는 (사바세계로) 되돌아오지 않고 피안(彼岸: 열반의 세계)에
이르러 길이 적멸寂滅에 들기도 한다.

그런데 이와 같은 움직임과 고요함은 모두 큰 꿈과 같다. 깨달음
의 경지에서 말한다면 여기(차안)도 없고 저기(피안)도 없으며,
예토(穢土: 사바세계)와 정국(淨國: 극락정토)이 본래 일심一心이

---

1 오탁五濁: 다섯 가지 종류의 혼탁함으로 가득 찬 말법세상을 말한다. 시대가
  혼란한 겁탁劫濁, 말법시대에 이르러 삿된 견해와 삿된 법이 넘쳐흐르는
  견탁見濁, 번뇌가 치성하는 번뇌탁煩惱濁, 중생이 악행을 예사로 저지르는
  중생탁衆生濁, 인간의 수명이 차례로 단축되는 명탁命濁.

2 사류四流: 욕폭류欲暴流, 유폭류有暴流, 견폭류見暴流, 무명폭류無明暴流.

며, 생사와 열반이 끝내 둘이 아니다.

2) 성불의 뛰어난 방편인 정토

然皈原大覺 積功乃致 隨流長夢 不可頓開 所以聖人
연 귀 원 대 각　적 공 내 치　수 류 장 몽　불 가 돈 개　소 이 성 인

垂迹 有遠有近 所設言教 或衰或興 至如牟尼世尊 現
수 적　유 원 유 근　소 설 언 교　혹 쇠 혹 흥　지 여 모 니 세 존　현

此娑婆 誡五惡而勸善 彌陀如來 居彼安養引 九輩而
차 사 바　계 오 악 이 권 선　미 타 여 래　거 피 안 양 인　구 배 이

導生 斯等權迹 不可具陳矣
도 생　사 등 권 적　불 가 구 진 의

　그러나 크게 깨달아 근원으로 돌아가려면 공功을 쌓아야만 가능하나니, (생사의) 흐름을 따라가는 긴 꿈에서 단박에 깨어나기는 불가능하다. 이런 까닭에 성인께서 자취를 드리우시되(가르침을 베푸시되) 시기가 먼 것도 있고 가까운 것도 있으며, 가르침을 베푸신 말씀이 혹은 쇠하기도 있고 혹은 흥하기도 하였던 것이다.

　그러다가 석가모니 부처님께서 이 사바세계에 나타나시어 오악五惡[3]을 경계하여 선善을 권하셨고, 미타여래(아미타불)께서는 저 안양(安養: 극락세계)에 계시면서 아홉 부류의 중생(九輩)[4]을

---

3 오악五惡: 다섯 가지 악. 살생·투도偸盜·사음邪淫·망어·음주.

4 아홉 부류의 중생(九輩): 삼배구품三輩九品이라고 한다. 상품에 上上·上中·上下, 중품에 中上·中中·中下, 하품에 下上·下中·下下의 아홉이다.

이끌어 왕생하도록 인도하시니, 이러한 방편의 자취를 모두 다
열거할 수 없을 정도이다.

今此所明極樂國者 蓋是感願⁵行之奧深 現果德之長
금 차 소 명 극 락 국 자 개 시 감 원 행 지 오 심 현 과 덕 지 장

遠十八圓淨 越三界而超絕 五根相好 倂⁶六天而不嗣
원 십 팔 원 정 월 삼 계 이 초 절 오 근 상 호 병 육 천 이 부 사

珍香法味 遂養身心 誰有朝飢夜渴之苦 玉林芳風 溫
진 향 법 미 수 양 신 심 수 유 조 기 야 갈 지 고 옥 림 방 풍 온

涼常適 本無冬寒夏熱之煩 群仙共會 時浴八德蓮池
량 상 적 본 무 동 한 하 열 지 번 군 선 공 회 시 욕 팔 덕 연 지

由是長別偏可厭之時劫⁷
유 시 장 별 편 가 염 지 시 겁

　지금 여기에서 밝히는 극락국토란 모두 (아미타불의) 발원과
수행(願行)의 깊고 심오함에 감응하여 과덕(果德: 결과의 공덕)의
영원함이 드러난 것이다. 곧 18가지 원만하고 깨끗함(十八圓淨)⁸

---

5 한불전은 전顚자로 되어 있으나, 문맥과 대정장 등에 의거하여 원願자로
　교열.

6 한불전은 모侔자로 되어 있으나, 문맥과 대정장 등에 의거하여 병倂자로
　교열.

7 금릉각본과 대정장본에는 시겁時劫 대신 호추(皓皺, 머리털이 하얗게 세고
　살갗이 오그라들다, 곧 늙음이란 의미)로 되어 있다. 이렇게 본다면 '싫어해야
　할 어떠한 늙음의 고통과도 결별한다'로 번역할 수도 있다.

8 십팔원정十八圓淨: 정토에 갖추어진 18가지 깨끗하고 원만하고 수승한 공덕.

은 삼계三界를 뛰어넘어 초절(超絶: 다른 것보다 월등하게 뛰어남)하
고 오근五根⁹의 상호(相好, 용모)는 육천六天¹⁰과 동등하지만 후손
에게 이어지지 않는다. 진귀하고 향기로운 법미法味로 몸과 마음을
기르니, 그 누가 아침에 굶주리거나 밤에 목마른 괴로움이 있겠는
가? 옥과 같은 숲에 향기로운 바람이 불어 따뜻함과 시원함이
항상 알맞고, 본래부터 겨울의 추위나 여름의 더움과 같은 괴로움
이 없다. 많은 선인들이 함께 모이는 때에는 여덟 가지 공덕이
있는 연못(八德蓮池)¹¹에 들어가 목욕을 한다. 이런 까닭에 싫어해
야 할 어떠한 세월(時劫)과도 영원히 결별한다.

---

① 색상원정色相圓淨 ② 형모形貌원정 ③ 양량원정 ④ 처處원정 ⑤ 인因원정
⑥ 과과果원정 ⑦ 주主원정 ⑧ 조助원정 ⑨ 권속眷屬원정 ⑩ 지지持원정 ⑪ 업業원
정 ⑫ 이익利益원정 ⑬ 무포외無怖畏원정 ⑭ 주처住處원정 ⑮ 노로路원정 ⑯ 승乘
원정 ⑰ 문門원정 ⑱ 의지依止원정. 18원정은 무착보살의 『섭대승론』에 나
온다.

9 오근五根: 오경五境을 상대하는 다섯 가지 감수 작용의 근. 안眼·이耳·비鼻·
설舌·신身.

10 육천六天: 삼계 가운데 욕계에 속한 여섯 개의 하늘. 사왕천四王天, 도리천忉
利天, 야마천夜摩天, 도솔천兜率天, 화락천化樂天, 타화자재천他化自在天.

11 팔덕연지八德蓮池: 극락에 있는 연못에는 여덟 가지 공덕이 있는 물(八功德
水)이 있다. 여덟 가지 공덕은 경전에 따라 같지 않지만, 『칭찬정토경稱讚淨
土經』에서는 고요하고 깨끗하고, 차고 맑고, 맛이 달고, 입에 부드럽고,
윤택하며, 편안하고 화평하고, 배고프고 목마름 등의 한량없는 근심을
없애는 것으로 나온다.

18

勝侶相從 遠遊十方佛土 於茲遠送以難慰之憂勞 況
승 려 상 종　원 유 시 방 불 토　어 자 원 송 이 난 위 지 우 로　황

復聞法響音入無相 見佛光明悟無生 悟無生故 無所
부 문 법 향 음 입 무 상　견 불 광 명 오 무 생　오 무 생 고　무 소

不生 入無形故 無所不形 極淨極樂 非心意之所度 無
불 생　입 무 형 고　무 소 불 형　극 정 극 락　비 심 의 지 소 도　무

際無限 豈言說之能盡 如是淨土 十方諸佛之所歎勸
제 무 한　기 언 설 지 능 진　여 시 정 토　시 방 제 불 지 소 탄 권

三乘聖眾之所遊居 然審察如來歎勸意者 為欲攝護
삼 승 성 중 지 소 유 거　연 심 찰 여 래 탄 권 의 자　위 욕 섭 호

中下根故
중 하 근 고

　　훌륭한 도반들이 서로 어울리면서 멀리 시방의 불국토에서 노니나니, 여기서는 위로받기 어려운 근심과 괴로움이 멀리 사라진다. 또한 장엄하게 울리는 법문 소리를 들으면서 무상(無相: 無相三昧)에 들어가고, 부처님의 광명을 보면서 무생(無生: 無生法忍)을 깨친다. 무생을 깨쳤기에 생生하지 않는 것이 없고, 무형(無形: 형상이 없는 경지)에 들어갔기에 형상 아닌 것이 없다. 지극한 깨끗함과 지극한 즐거움은 생각으로 헤아릴 수 없으며, (시간적으로) 끝없고 (공간적으로) 한계가 없으니, 어떻게 말로 다 설명할 수 있겠는가?

　　이와 같은 정토는 시방의 모든 부처님께서 찬탄하시고 권하시는 곳이며, 삼승三乘[12]의 성인들이 머물며 노니는 곳이다. 그러나

여래께서 찬탄하시고 권하시는 뜻을 자세히 살펴보면 (그 이유는) 중·하근기[13]들을 거두어 보호하려 하시기 때문인 것이다.

娑婆世界 雜惡之處 於緣多退 安養實刹 純善之地 唯
사 바 세 계 잡 악 지 처 어 연 다 퇴 안 양 보 찰 순 선 지 지 유

進無退
진 무 퇴

사바세계[14]는 여러 가지 악이 있는 곳이므로, 이러한 반연(緣)으로 대부분 물러나게 되지만, 안양의 보배나라(安養宝刹: 극락세계)는 순전히 선(純善)한 땅이므로 오직 나아가기만 할 뿐 물러나는 일은 없다.

故起信論云 復次眾生初學是法 欲求正信 其心怯弱
고 기 신 론 운 부 차 중 생 초 학 시 법 욕 구 정 신 기 심 겁 약

以住於此娑婆世界 自畏不能常值諸佛 親承供養 懼
이 주 어 차 사 바 세 계 자 외 불 능 상 치 제 불 친 승 공 양 구

---

12 삼승三乘: 성문聲聞·연각緣覺·보살菩薩.

13 근기根機: 중생의 성품을 여러 나무에 비유하여 그 뿌리를 이르는 말이 근근根이고, 근이 발동하는 곳을 일러 기機라고 한다. 수행의 진보와 정체, 교법의 흥성과 쇠락은 모두 이 근기에 따라 크게 세 가지로 나누어지는데, 곧 상근기上根機, 중근기中根機, 하근기下根機이다.

14 사바세계(娑婆世界, Sahā-lokadhātu): 줄여서 사바라고도 한다. 참고 견뎌야 하는 세계라는 의미이다.

謂信心難可成就 意欲退者 當知如來有勝方便 攝護
위 신 심 난 가 성 취   의 욕 퇴 자   당 지 여 래 유 승 방 편   섭 호

信心 謂以專念佛因緣故 隨願得生他方佛土 常見於
신 심   위 이 전 념 불 인 연 고   수 원 득 생 타 방 불 토   상 견 어

佛 永離惡道 如修多羅說 若人專念 西方極樂世界 阿
불   영 리 악 도   여 수 다 라 설   약 인 전 념   서 방 극 락 세 계   아

彌陀佛 所修善根迴向 願求生彼世界 即得往生 常見
미 타 불   소 수 선 근 회 향   원 구 생 피 세 계   즉 득 왕 생   상 견

佛故 終無有退 若觀彼佛真如法身 常勤修習 畢竟得
불 고   종 무 유 퇴   약 관 피 불 진 여 법 신   상 근 수 습   필 경 득

生 正定聚故
생   정 정 취 고

그러므로 『기신론』[15]에서 이르기를 "다시 또 중생이 처음으로 이 법을 배우고 바른 믿음(正信)을 구하고자 하나 그 마음이 겁이 많고 나약하여, 사바세계에 머물면서 항상 모든 부처님을 만나서 친히 공양을 올리지 못함을 스스로 두려워하고, 신심信心을 성취하기가 어렵다고 말하며 두려워하는 자는 마땅히 알아야 한다. 여래께서는 뛰어난 방편[16]이 있으시어 신심을 거두어 보호하신다는

---

15 『기신론』: 『대승기신론大乘起信論』을 말한다. 인용문은 『대승기신론』을 글자 그대로 인용한 것은 아니고, 약간 변형하여 인용하였으나 의미는 동일하다.

16 방편方便: 근기가 아직 성숙하지 못한 이들을 깊고 묘한 진리에로 꾀여들이는 수단과 방법. 여기에서 뛰어난 방편(勝方便)이란 바로 염불하여 정토에 왕생하는 것이다.

것을. 이른바 오로지 부처님을 생각하는(專念佛) 인연 때문에
원(願: 원력)을 따라 타방의 부처님 국토에 왕생하여 항상 부처님
을 뵙고 길이 악도[17]를 떠나게 하신다는 것이다. 수다라(경전)에서
'만약 어떤 사람이 서방극락세계의 아미타불을 오로지 생각(염불)
하고, 닦은 바 선근善根을 회향하여 저 세계에 왕생하기를 구하고
원하면 곧바로 왕생하여 항상 부처님을 뵙기 때문에 끝내 물러나는
일이 없다'라고 말씀하신 것과 같다. 만약 저 부처님의 진여법신眞
如法身을 관觀하고 항상 부지런히 닦아 익힌다면 끝내 왕생하여
정정취[18]에 머물 수 있기 때문이다"라고 하였다.

3) 네 가지 불퇴의 인연

一切凡夫雖念佛 未至十解 體是退位 若在穢土 逢四
일 체 범 부 수 염 불　미 지 십 해　체 시 퇴 위　약 재 예 토　봉 사

退緣 即使退轉 若生西方 有四緣故 終不退還
퇴 연　즉 사 퇴 전　약 생 서 방　유 사 연 고　종 불 퇴 환

　모든 범부가 비록 염불을 한다 해도 십해(十解, 十住)에 이르지
못한다면 그 바탕은 물러날 지위이니, 만약 예토에 있으면서 '네
가지 물러날 인연(四退緣)'을 만나면 즉시 물러나게 된다. 하지만

---

17 악도惡道: 악업으로 인해 태어나는 중생의 낮은 세계. 즉 지옥·아귀·축생.
18 정정취正定聚: 삼정취(정정취·부정취·사정취)의 하나로 반드시 성불하기로
　　결정된 무리.

만약 서방에 왕생하면 '네 가지 인연(四緣)'이 있는 까닭에 끝내 다시는 물러나지 않는다.

言四緣者 一由長命無病故不退 穢土由短命多病故
언 사 연 자 일 유 장 명 무 병 고 불 퇴 예 토 유 단 명 다 병 고

退二由諸佛菩薩爲¹⁹善智識故不退 如經言 得與如是
퇴 이 유 제 불 보 살 위 선 지 식 고 불 퇴 여 경 언 득 여 여 시

諸上善人俱會一處故 穢土由多惡知識故退也 三由
제 상 선 인 구 회 일 처 고 예 토 유 다 악 지 식 고 퇴 야 삼 유

無有女人 六根境界 並是進道緣 故不退 如經言 眼見
무 유 여 인 육 근 경 계 병 시 진 도 연 고 불 퇴 여 경 언 안 견

色即發菩提心等 穢土由有女人故退 四由唯有善心
색 즉 발 보 리 심 등 예 토 유 유 여 인 고 퇴 사 유 유 유 선 심

故不退 經云 無毛端許²⁰造惡之地 穢土由有惡心無記
고 불 퇴 경 운 무 모 단 허 조 악 지 지 예 토 유 유 악 심 무 기

心 故退也
심 고 퇴 야

네 가지 인연이란 것은 첫째, 수명이 길고 병이 없기 때문에 물러나지 않는다. 그러나 예토에서는 수명이 짧고 병이 많기 때문에 물러나게 된다.

둘째, 모든 부처님과 보살님들이 선지식이 되어주시기 때문에

---

19 한불전과 대정장에는 원圓자로 되어 있으나, 문맥상 속장경에 따라 위爲자로 바꾸었다.

20 허許자가 대정장에는 계計자로 되어 있다.

물러나지 않는다. 경(『아미타경』)에서 "이와 같이 여러 뛰어난 선지식들이 한곳에 모일 수 있기 때문이다"라고 말씀하신 것과 같다. 예토에서는 악지식(악으로 인도하는 사람)이 많기 때문에 물러나게 된다.

셋째, 여인이 없기 때문에 육근六根의 경계가 모두 도道로 나아가는 인연이 되므로 물러나지 않는다. 경(『무량수경』)에서 "눈으로 색을 보면 곧 보리심을 발한다"는 등으로 말씀하신 것과 같다. 예토에서는 여인이 있기 때문에 물러나게 된다.

넷째, 오직 착한 마음(善心)만 있기 때문에 물러나지 않는다. 경(『무량수경』)에서 "털끝만 한 악을 지을 여지도 허용하지 않는다"고 말씀하셨다. 예토에는 악한 마음(惡心)과 무기심無記心[21]이 있기 때문에 물러나게 된다.

又彼二經皆說 其往生者 皆得不退 不言但不退人乃
우 피 이 경 개 설　기 왕 생 자　개 득 불 퇴　불 언 단 불 퇴 인 내

得往生也 猶如此間具三受人 若生彼土 則無苦捨 唯
득 왕 생 야　유 여 차 간 구 삼 수 인　약 생 피 토　즉 무 고 사　유

有樂受也
유 낙 수 야

또 저 두 경(『아미타경』과 『무량수경』)에서 다 말씀하시기를 '그곳에 왕생하는 자는 모두 물러나지 않음을 얻는다'고 하셨지,

---

21 무기심無記心: 삼성(三性: 선·악·무기) 중의 하나로 선도 악도 아닌 마음.

단지 '물러나지 않는 사람만이 왕생할 수 있다'고는 말씀하지 않으셨다. 이는 이 세계에서 삼수三受[22]를 갖춘 사람이라도 만약 저 정토에 왕생하면 괴로운 느낌(苦受)과 괴롭지도 즐겁지도 않은 느낌(捨受)은 없고, 오로지 즐거운 느낌(樂受)만 있다는 것과 같다.

總而言之 初地以上 悲願自在 無所不生 更何須勸 十
총 이 언 지 초 지 이 상 비 원 자 재 무 소 불 생 갱 하 수 권 십

解以去 種姓決定 復無悲退 亦非正爲 十信以前 及諸
해 이 거 종 성 결 정 부 무 비 퇴 역 비 정 위 십 신 이 전 급 제

凡夫 發心未固 昇降隨緣 厭穢欣淨 故佛勸攝 西方長
범 부 발 심 미 고 승 강 수 연 염 예 흔 정 고 불 권 섭 서 방 장

壽 一生修行登地 娑婆短[23] 命多劫劬勞猶退 故華嚴曰
수 일 생 수 행 등 지 사 바 단 명 다 겁 구 로 유 퇴 고 화 엄 왈

如此娑婆世界一劫 於西方安樂世界 若[24]一日一夜 如
여 차 사 바 세 계 일 겁 어 서 방 안 락 세 계 약 일 일 일 야 여

是乃至百萬阿僧祇世界 最後世界一劫 於勝蓮華世
시 내 지 백 만 아 승 기 세 계 최 후 세 계 일 겁 어 승 연 화 세

界賢首如來刹 爲一日一夜 教起意致略述如此
계 현 수 여 래 찰 위 일 일 일 야 교 기 의 치 략 술 여 차

---

22 삼수三受: 세 가지 감수 작용. 괴로운 느낌(苦受), 즐거운 느낌(樂受), 괴롭지도 즐겁지도 않은 느낌(捨受).

23 한불전에는 저姐자로 되어 있으나 대정장에 의거해 단短으로 바꾸었다.

24 대정장에는 若자가 爲로 되어 있다.

총괄적으로 이를 말한다면, 초지初地[25] 이상은 자비와 원력(悲願)이 자재하여 태어나지 않을 곳이 없으니 다시 무엇을 권할 필요가 없다. 그리고 십해十解 이상도 종성種姓이 결정되었으므로 다시 물러남을 슬퍼할 것이 없으니, 또한 정식으로 (그들을) 위한 것이 아니다.[26]

십신十信[27] 이전과 모든 범부는 발심이 군건하지 못하여 오르고 내리는 연緣을 따르며, 예토를 싫어하고 정토를 기뻐하기 때문에 부처님께서 (이들에게 정토왕생을) 권하시고 거두어들이신 것이다.

서방극락에서는 수명이 길어서 한 생의 수행으로도 지地에 오르지만(登地: 十地보살의 지위에 오름), 사바세계는 수명이 짧아서 많은 겁에 걸쳐 힘들게 수고해도 오히려 퇴보하게 된다. 그러므로 『화엄경』(「수량품」)에 이르시기를 "이 사바세계의 1겁은 서방안락세계의 하룻밤 하루 낮에 해당되고, 이와 같이 내지 백만 아승지

---

25 초지初地: 보살 십지 가운데 처음 계위인 환희지歡喜地를 말한다. 처음으로 진여평등眞如平等의 성품聖性을 증득하고, 이공(二空: 我空, 法空)의 이치를 아울러 증득하여 자리이타自利利他의 행을 성취할 수 있게 되면 마음속에서 매우 큰 기쁨이 생기므로 환희지라고 부른다.

26 정토법문은 십신 이하의 범부중생들을 위한 법문(正爲)이라는 뜻이다. 다만 십해 이상과 초지 이상의 보살들의 경우는 정식으로 위하는 법문이 아니고(非正爲), 겸하여 위하는(兼爲) 법문이다.

27 십신十信: 보살의 52위 계위 중 최초의 열 가지 계위. 부처님의 교법을 받아 지녀 의심 없이 신심을 내는 단계이다.

세계 최후세계의 1겁은 승연화세계勝蓮華世界 현수여래賢首如來
국토의 하루 밤 하루 낮에 해당된다"라고 하셨다.

　가르침이 일어난 근본 취지를 대략 이와 같이 논술하였다.

2. 서방정토가 있는 곳을 논정함

1) 정토의 구분

第二定彼土所在者 佛土圓融 本無東西 扣機多端 方
제 이 정 피 토 소 재 자 불 토 원 융 본 무 동 서 구 기 다 단 방

現此彼 由是試論 彼界所在 一乘三乘 分齊不同 若依
현 차 피 유 시 시 론 피 계 소 재 일 승 삼 승 분 제 부 동 약 의

一乘 極樂淨土 是屬華藏世界海攝 何以故 以是十佛
일 승 극 락 정 토 시 속 화 장 세 계 해 섭 하 이 고 이 시 시 불

之土 圓融不可說故 普賢因分所見 無分齊故
지 토 원 융 부 가 설 고 보 현 인 분 소 견 무 분 제 고

若依三乘 西方淨土通成四土 一法性土 二實報土 三
약 의 삼 승 서 방 정 토 통 성 사 토 일 법 성 토 이 실 보 토 삼

受用土四變化土 於中法性實報 一味平[28]等 周徧法界
수 용 토 사 변 화 토 어 중 법 성 실 보 일 미 평 등 주 변 법 계

非餘所測 受用變化 酬願乘感 隨機所欲 指方可得 故
비 여 소 측 수 용 변 화 수 원 승 감 수 기 소 욕 지 방 가 득 고

小無量壽經曰 從是西方過十萬億佛土 有世界名曰
소 무 량 수 경 왈 종 시 서 방 과 십 만 억 불 토 유 세 계 명 왈

極樂
극 락

둘째로 저 정토가 있는 곳(소재)을 논정하는 것이다.

불토는 원융하여 본래 동서가 없다. 그러나 중생이 지닌 근기가 여러 갈래이기에 비로소 이곳과 저곳이란 방향이 나타난 것이다. 이를 간략하게 논하자면, 저 극락의 소재에 대해서는 일승과 삼승[29]의 구분(分齊)[30]이 같지 않다.

만약 일승에 의한다면, 극락정토는 화장세계해華藏世界海에 속한다. 왜냐하면 열 부처님(十佛)[31]의 국토는 원융하여 말로써 나타낼 수 없기 때문이요, 보현보살의 인분(因分: 因位에서의 구분,

---

28 한불전과 대정장에는 平자가 樂으로 되어 있으나, 속장경에 의거하여 바꾸었다.

29 일승一乘과 삼승三乘: 일승은 일체중생이 모두 성불할 수 있는 유일한 가르침이란 의미이고, 삼승은 중생의 성정과 능력 등이 다르기에 이에 따라 각기 세 가지 다른 방법으로 가르침을 편 것으로 성문승, 연각승, 보살승을 가리킨다.

30 분제分齊는 구분·한계·차별·정도·등급 등의 의미.

31 시불十佛:『화엄경』에서 비로자나 법신의 무애자재한 활동성을 열 부처님으로 나타낸 것.

分齊)에서 보는 것에도 한계가 없기 때문이다.

만약 삼승에 의한다면, 서방정토는 보통 사토四土[32]로 이루어져 있다. 첫째는 법성토法性土, 둘째는 실보토實報土, 셋째는 수용토受用土, 넷째는 변화토變化土이다. 이 가운데에서 법성토와 실보토는 한맛으로 평등하고 법계에 두루 퍼져 있어 헤아릴 수조차 없다. 수용토와 변화토는 원하는 것에 따라 감응하며, 바라는 근기에 따르기 때문에 방향을 가리킬 수 있다. 그러므로 『소무량수경』(『아미타경』)에서 "여기로부터 서쪽으로 십만억 불국토를 지나면 세계가 있으니 이름을 극락이라 한다"라고 말씀하신 것이다.

2) 네 가지 상대문

今將之彼界 淨與不淨 略以四對顯其階降 謂因與果
금 장 지 피 계　정 여 부 정　약 이 사 대 현 기 계 강　위 인 여 과

相對故 一向與不一向相對故 純與雜相對故 正定與
상 대 고　일 향 여 불 일 향 상 대 고　순 여 잡 상 대 고　정 정 여

非正定相對故
비 정 정 상 대 고

---

32 사토四土: 여러 논사들이 불토를 네 가지로 나눈 것. 일반적으로 법성토, 실보토, 수용토, 변화토의 사토로 나눈다. 그 외에 천태종에서는 범성동거토凡聖同居土, 방편유여토方便有餘土, 실보무장애토實報無障礙土, 상적광토常寂光土로 나눈다.

30

이제 저 세계의 '청정함(淨)과 청정하지 않음(不淨)'³³에 대해 간략히 네 가지를 서로 대조하여 그 오르고 내림(階降)을 나타내고자 한다. 이른바 인因과 과果가 상대하기 때문이요, 한결같음(一向)과 한결같지 않음(不一向)이 상대하기 때문이며, 순수함(純)과 잡됨(雜)이 상대하기 때문이요, 정정(正定, 정정취)과 정정 아님(非正定)이 상대하기 때문이다.

(1) 인과 상대문

所言因與果相對者 謂金剛已還 菩薩所住 名果報土
소언인여과상대자 위금강이환 보살소주 명과보토

不名淨土 未離苦諦之果患故 唯佛所居乃名淨土 一切
불명정토 미리고제지과환고 유불소거내명정토 일체

染患無餘滅故 依此義故 仁王經言 三賢十聖住果報
염환무여멸고 의차의고 인왕경언 삼현십성주과보

唯佛一人居淨土 一切眾生暫住報 登金剛原居淨土
유불일인거정토 일체중생잠주보 등금강원거정토

---

33 원효대사는 『무량수경종요無量壽經宗要』의 '종치(宗致: 가르침의 으뜸 취지)' 부분에서 정토의 인因과 과果를 논하면서, 정토의 과덕果德을 ①청정함과 청정하지 않은 문(淨不淨門), ②색이 있고 색이 없는 문(色無色門), ③함께 하고 함께 하지 않는 문(三共不共門), ④샘이 있고 샘이 없는 문(漏無漏門)의 네 가지로 나누었다. 그 중 청정함과 청정하지 않은 문을 다시 ①인과 상대문(因與果相對門), ②일향불일향 상대문(一向與不一向相對門), ③순잡 상대문(純與雜相對門), ④정정비정정 상대문(正定與非正定相對門)의 넷으로 나누었는데, 『유심안락도』의 이 대목의 내용과 거의 같다.

2. 서방정토가 있는 곳을 논정함 31

'인과 과가 상대한다(因與果相對)'라고 말하는 것은, 이른바 금
강지(金剛地: 10지 보살) 이하의 보살이 머무는 곳을 과보토果報土
라고 부르고 정토라고 부르지는 않는다. 아직 고제苦諦의 과환(果
患: 과보의 근심)을 여의지 못했기 때문이다.

오직 부처님이 계시는 곳만을 정토라고 부르는데, 일체의 더러
움과 근심이 남김없이 소멸되었기 때문이다. 이러한 뜻에 의거하
는 까닭에 『인왕경』[34]에서는 "삼현三賢과 십성十聖[35]은 과보토에
머물고 오직 부처님 한 분만이 정토에 머무시며, 일체의 중생은
잠시 과보토에 머물다가 금강원(金剛原, 佛位)에 오르면 정토에
머물게 된다"라고 말씀하셨다.

(2) 일향불일향 상대문

第二一向與不一向相對者 謂八地已上菩薩住處得名
제 이 일 향 여 불 일 향 상 대 자 위 팔 지 이 상 보 살 주 처 득 명

淨土 以一向出三界事故 亦具四句一向義故 七地以
정 토 이 일 향 출 삼 계 사 고   역 구 사 구 일 향 의 고   칠 지 이

還一切住處未名淨土 以非一向出三界故 或乘願力
환 일 체 주 처 미 명 정 토   이 비 일 향 출 삼 계 고   혹 승 원 력

---

34 『인왕호국반야바라밀다경仁王護國般若波羅蜜多經』 권상 제3 「보살행품菩薩
行品」에 나온다.

35 삼현은 보살 계위 52위 중 십주·십행·십회향위에 있는 보살들을 말하고,
십성은 환희지에서 법운지까지의 십지위十地位에 있는 보살들을 말한다.

32

出三界者 一向四句不具足故 謂一向樂 一向淨 一向
출 삼 계 자 일 향 사 구 불 구 족 고 위 일 향 락 일 향 정 일 향

無災 一向自在
무 재 일 향 자 재

둘째는 '한결같음(一向)과 한결같지 않음(不一向)이 상대한다'
는 것은, 이른바 팔지(八地, 부동지) 이상의 보살이 머무는 곳을
정토라고 부른다. 왜냐하면 (그들은) 한결같이 삼계의 일에서
벗어났기 때문이며, 또한 사구四句의 한결같은 뜻을 갖추었기
때문이다.

그러나 칠지(七地, 원행지) 이하의 모든 보살이 머무는 곳은
정토라고 부르지 않는다. 왜냐하면 한결같이 삼계를 벗어나지
못했기 때문이며, 혹 원력을 타고 삼계를 벗어나더라도 한결같이
사구를 구족하지 못했기 때문이다. 사구란 한결같이 즐겁고(一向
樂), 한결같이 깨끗하며(一向淨), 한결같이 재앙이 없고(一向無
災), 한결같이 자재함(一向自在)을 말한다.

七地以還出觀之時 或時生起報無記心 末那四惑時
칠 지 이 환 출 관 지 시 혹 시 생 기 보 무 기 심 말 라 사 혹 시

現行故 非一向淨 非一向無災 八地已上不如是 倣此
현 행 고 비 일 향 정 비 일 향 무 재 팔 지 이 상 불 여 시 방 차

義故 攝大乘曰 出出世³⁶善法功能所生 釋曰 二乘善名
의 고 섭 대 승 왈 출 출 세 선 법 공 능 소 생 석 왈 이 승 선 명

---

36 한불전에는 善法 앞에 善世란 단어가 있으나, 『섭대승론』(대정장 31, p.131c)

2. 서방정토가 있는 곳을 논정함 **33**

出世 從八地以上 乃至佛地 名出出世 出世法為世法
출세　종팔지이상　내지불지　명출출세　출세법위세법

對治 出出世法為出世法對治 以四緣為相 從出出世
대치　출출세법위출세법대치　이사연위상　종출출세

善功德生起此淨土故 不以集諦為因 乃至廣說故
선공덕생기차정토고　불이집제위인　내지광설고

칠지 이하의 보살이 관觀에서 나올 때는 혹은 과보의 무기심無記
心을 일으키거나 말나(末那: 제7식)의 네 가지 미혹(四惑)이 일어
나 현행現行하기 때문에 한결같이 깨끗한 것이 아니고, 한결같이
재난이 없는 것도 아니다. 팔지 이상은 이와 같지 않다.

이러한 뜻에 의하기 때문에 『섭대승론』[37]에서는 "(정토는) 출출
세出出世 선법善法의 공능功能에서 생긴다"라고 하였다. 이를 풀이
한 『섭대승론석』에서는 "이승二乘의 선善은 출세出世라고 이름하
고, 팔지 이상으로부터 불지佛地에 이르기까지는 출출세出出世라
이름한다. 출세법은 세법世法을 상대하여 다스리고, 출출세법은
출세법을 상대하여 다스린다. (그 공능은) 네 가지 연(四緣)[38]으로

의 원문이 의거하여 생략했다.

37 『섭대승론攝大乘論』은 인도의 무착보살(無着 Asaṅga, 310~390경)이 저술한
　　논서로, 범어 원본은 없고 티벳역과 한역이 전한다. 대승불교 교학을 정리한
　　문헌으로, 이를 해석한 세친보살의 『섭대승론석攝大乘論釋』이 있다.

38 4가지 연(四緣)이란 일체의 법을 생기게 하는 데 의지가 되는 4가지 조건(緣)
　　을 가리킨다. 인연因緣, 등무간연等無間緣, 소연연所緣緣, 증상연增上緣이
　　그것이다. 정토교의 입장에서 보자면 정토왕생을 발원하고 염불수행을

모양(相)을 삼는다. 출출세 선법의 공덕으로부터 이 정토를 일으
키기 때문에 집제集諦로써 원인을 삼는 것이 아니다"라고 널리
설하였기 때문이다.

(3) 순잡 상대문

第三純與雜相對門者 凡夫二乘雜居之處 不得名為清
제 삼 순 여 잡 상 대 문 자 범 부 이 승 잡 거 지 처 부 득 명 위 청

淨世界唯入大地菩薩生處 乃得名為清淨世界彼非純
정 세 계 유 입 대 지 보 살 생 처 내 득 명 위 청 정 세 계 피 비 순

清 此純清故 依此義故 瑜伽論云 世界無量 有其二種
청 차 순 청 고 의 차 의 고 유 가 론 운 세 계 무 량 유 기 이 종

謂淨不淨 清淨世界中 無那落迦傍生餓鬼亦非欲界色
위 정 부 정 청 정 세 계 중 무 나 락 가 방 생 아 귀 역 비 욕 계 색

無色界 純菩薩眾於中止住 是故說名清淨世界
무 색 계 순 보 살 중 어 중 지 주 시 고 설 명 청 정 세 계

셋째로 순수함(純)과 잡됨(雜)이 상대한다는 것은, 범부와 이승
二乘이 섞여서 사는 곳은 청정세계라고 이름할 수가 없고, 오직
대지(大地: 십지 이상 계위)에 들어간 보살이 난 곳이라야 청정세계
라 이름할 수 있다. (범부와 이승이 섞여 사는) 저 세계는 순수하고

하면 인연, 생각이 끊어짐이 없이 염불하는 것은 등무간연, 마음으로 항상
극락과 아미타불을 생각하는 것은 소연연, 아미타불의 48대원은 범부의
왕생을 위한 증상연이 된다.

청정한 곳이 아니지만, (대지에 들어간 보살이 사는) 이 세계는 순수하고 청정한 곳이기 때문이다.

이러한 뜻에 의하기 때문에 『유가론』[39]에서 이르기를 "세계가 한량이 없으나 두 가지로 구분할 수 있으니, 이른바 청정한 세계와 청정하지 못한 세계를 말한다. 청정한 세계 가운데는 나락가(지옥)와 방생(옆으로 기어 다니는 중생)과 아귀가 없고 또 욕계·색계·무색계도 없으며, 순전하게 보살 대중만이 그 가운데에 머무른다. 이런 까닭에 청정세계라고 이름한다.

已入第三地菩薩 由願力故 於彼受生 無有異生 及非
이 입 제 삼 지 보 살　유 원 력 고　어 피 수 생　무 유 이 생　급 비

異生聲聞獨覺 若非異生菩薩 得生於彼 解言 第三地
이 생 성 문 독 각　약 비 이 생 보 살　득 생 어 피　해 언　제 삼 지

是歡喜地 以就七種門地 第三淨勝意樂地故 攝十三
시 환 희 지　이 취 칠 종 문 지　제 삼 정 승 의 락 지 고　섭 십 삼

住 立七種地 具如彼論之所說故
주　입 칠 종 지　구 여 피 론 지 소 설 고

이미 제3지에 들어간 보살은 원력願力으로 말미암은 까닭에 그곳에 생을 받는다. 거기에는 이생(異生: 육도 윤회하는 중생)이 없으며, 또한 이생이 아닌 성문과 독각도 없다. 만약 이생이 아닌

---

39 『유가사지론瑜伽師地論』을 말한다. 미륵보살이 강설한 것을 무착이 기록한 논서로, 유식유가행파(법상종)의 가장 중요한 논서 중 하나이다.

보살이라면 저곳에 태어날 수 있다"라고 하였다.

이를 풀이하여 말하면, 제3지는 환희지(歡喜地, 初地)이다. 또 칠종문지七種門地[40]에서 보면 제3 정승의락지淨勝意樂地이기 때문에 13주住를 섭수하여 칠종지七種地를 세운 것이다. 이러한 것은 저 논(論:『유가사지론』)에서 설한 것과 같기 때문이다.

(4) 정정비정정 상대문

第四正定與非正定對門者 非正定相三聚衆生苦生之
제 사 정 정 여 비 정 정 대 문 자 비 정 정 상 삼 취 중 생 고 생 지

地 是爲穢土 唯正定聚所居之處 名爲淨土 於中亦有
지 시 위 예 토 유 정 정 취 소 거 지 처 명 위 정 토 어 중 역 유

四果聲聞 乃至復有四疑凡夫 唯無邪定及不定聚耳
사 과 성 문 내 지 부 유 사 의 범 부 유 무 사 정 급 부 정 취 이

넷째로 정정正定과 비정정非正定이 상대되는 문이란, 정정의 상相이 아닌 삼취중생[41]이 고통으로 살아가는 땅을 예토라고 하고,

---

40 칠종문지七種門地:『지지경』과『유가사지론』권49에서 설한 보살의 일곱 계위(七種地)를 말하는 것으로 보인다. 즉 ①종성지種性地 ②승해행지勝解 行地 ③정승의락지淨勝意樂地 ④행정행지行正行地 ⑤결정지決定地 ⑥결정 행지決定行地 ⑦도구경지到究竟地가 그것이다.

41 삼취중생三聚衆生: 또는 삼정취三定聚라고도 한다. 사람의 품성을 세 가지로 나눈 것. ①정정취正定聚: 불지로 향상진보向上進步하여 결정코 성불할 중생. ②부정취不定聚: 인연이 있으면 성불할 수 있고 인연이 없으면 미혹에

오직 정정취正定聚만이 살고 있는 곳을 정토라고 부른다. 이 가운데
는 사과四果[42]의 성문도 있으며 또한 사의四疑[43]의 범부는 있지만,

떨어질 중생으로서 향상과 타락이 결정되지 않은 품류의 중생. ③사정취邪
定聚: 성불할 만한 품성의 자질이 갖추어지지 않고 더욱더 미계로 타락하여
가는 중생.

42 사과四果: 소승 증과의 4계위. 여기서의 과는 무루지無漏智(불지佛智)가
생기는 계위를 말한다. ①수타원須陀洹: 범어 Srotāpanna의 음역. 예류과像
流果라고 번역. 불지에 처음 들어간 초입의 지위. ②사타함斯陀含: 범어
Sakrdāgānin의 음역. 일승과라고 역. 불지를 증득해 나가는 계위 중 두
번째. ③아나함阿那含: 범어 Anāgāmin의 음역. 줄여서 나함那含·불환不還
·불래不來라고 번역한다. 욕계에서 죽고 난 후 색계나 무색계에 태어나서는
번뇌가 없어져서 다시 돌아오지 않는다는 뜻으로 불지를 증득하는 제3계위.
④아라한阿羅漢: 범어 Arhan의 음역. 4과의 가장 상위. 응공應供·살적殺賊·
불생不生·이악離惡이라 번역. 소승에서의 구경위究竟位를 증득한 경지를
말한다.

43 사의四疑: 4지智를 의혹한다는 것인데, 4지는 성소작지成所作智·묘관찰지妙
觀察知·평등성지平等性智·대원경지大圓鏡智를 말한다. ①성소작成所作
智: 불과에 이르러 유루有漏의 전오식前五識과 그 상응심품相應心品을 전사
轉捨하고 얻은 지혜. ②묘관찰지妙觀察知: 육식六識을 바꾸어 얻은 지혜로
모든 법을 관찰하여 정통하고, 중생의 근기를 알아서 불가사의한 자재력을
나타내며, 공교하게 법을 설하여 여러 가지 의심을 끊게 하는 지혜. ③평등
성지平等性智: 제7식을 바꾸어 얻는 무루지無漏智를 말한다. 통달위通達位
에서 그 일분一分을 증득하고 불과에 이르러 그 전분全分을 증득한다.
일체 모든 법과 자기나 다른 중생들을 반연攀緣하여 평등일여平等一如한
이성을 관하고 자타自他의 차별심을 여의어 대자대비심을 일으키며, 보살을
위하여 가지가지로 교화하여 이익하게 하는 지위를 말한다. ④대원경지大
圓鏡智: 유루의 제8식을 바꾸어 얻는 무루지無漏智를 말한다. 이것은 거울에

38

오직 사정취과 부정취의 중생은 없을 뿐이다.

言正定等者 總說衆生界略有三聚 如無量壽經曰 其
언정정등자 총설중생계약유삼취 여무량수경왈 기

有衆生生彼國者 皆悉住於正定之聚 所以者何 彼佛
유중생생피국자 개실주어정정지취 소이자하 피불

國中 無諸邪聚 及不定聚 如是三種 其相云何 若總說
국중 무제사취 급부정취 여시삼종 기상운하 약총설

者 一闡提人為邪定聚 二乘頂位以上 菩薩初發心住
자 일천제인위사정취 이승정위이상 보살초발심주

以上 判為正定 若已趣入 未至其位 為不定聚 決定不
이상 판위정정 약이취입 미지기위 위부정취 결정불

退 無斷善根 如是名為正定聚義
퇴 무단선근 여시명위정정취의

　정정正定 등이라고 말한 것은, 중생계衆生界에는 대략 삼취三聚
가 있다는 것을 총괄하여 말한 것이다. 저『무량수경』에서 "어떤
중생이 저 나라에 태어나는 자는 모두 다 정정취에 머물게 되나니,
그 까닭이 무엇인가? 저 불국토 가운데에는 모든 사정취邪定聚와
부정취不定聚가 없기 때문이다"라고 말씀하신 것과 같다.
　이와 같은 세 가지 모습은 어떠한가? 총괄적으로 설명하자면
일천제[44]의 사람을 사정취라 하고, 이승二乘의 정위頂位[45] 이상과

한 점의 티끌도 없으면 삼라만상이 그대로 비쳐지는 것과 같이 원만하고
분명한 지혜이다.

44 일천제一闡提: 범어 Icchantika의 음역. 또는 일천제가一闡提伽·일전가一顚

보살의 초발심주初發心住[46] 이상을 정정취라 판정한다. 만약 이미
정취(正趣: 바른 길)에 들어왔다고 하더라도 그 지위(정정취)에
이르지 못하면 부정취가 되는 것이다. 그러나 결정코 물러나지
않고 선근善根을 끊는 일이 없으면 이와 같은 이들은 정정취正定聚
의 의미가 된다고 부른다.

依瑜伽論 正定二 一本性正定 二習成正定 五種性中
의 유 가 론 정 정 이 일 본 성 정 정 이 습 성 정 정 오 종 성 중

菩薩性人 不依[47]五逆 及斷善根 是名本生正定聚也 其
보 살 성 인 불 의 오 역 급 단 선 근 시 명 본 생 정 정 취 야 기

二乘性 及不定性 得作五逆 及斷善根 斷善根時 名邪
이 승 성 급 부 정 성 득 작 오 역 급 단 선 근 단 선 근 시 명 사

定聚 即是彼人 續善根後 未趣入時 為不定聚 已趣入
정 취 즉 시 피 인 속 선 근 후 미 취 입 시 위 부 정 취 이 취 입

迦라고도 하며, 단선근斷善根·신불구족信不具足으로 번역한다. 선근善根이
끊어져 성불할 성품이 없는 사정취 중생을 말한다.

45 정위頂位: 범어 Mūrdhāna의 역. 정법頂法이라고도 한다. 사선근四善根의
하나. 앞으로 나아가면 인위忍位에 들어가며, 뒤로 물러나면 난위煖位에
떨어지는 계위이다. 이와 같이 앞으로 나아가고 뒤로 물러나는 중간에
있는 것이 마치 산정山頂이 올라가고 내려가는 중간인 것과 같다고 비유하여
이름한 것이다. 정위에 들어가면 선근을 끊는 사람이 될 염려는 없게
된다.

46 초발심주初發心住: 보살이 수행하는 계위인 52위 중 제11위인 발심주發心住
를 말한다. 십신十信의 종가입공관從假入空觀의 관법觀法이 완성되어 진무
루지眞無漏智를 내고 마음이 진제眞諦의 이치에 안주하는 지위.

47 속장경에는 依자가 作作으로 되어 있다.

時則有三品 本來上根而趣入者 即作正定 中根至燸[48]
시 즉유삼품 본래상근이취입자 즉작정정 중근지유

下根至頂 各作正定 餘屬不定 若是不定種性之人 直
하 근지정 각작정정 여속부정 약시부정종성지인 직

向大乘而入趣者 修行信心 逕一萬劫 信心成就 方爲
향 대승이입취자 수행신심 경일만겁 신심성취 방위

正定
정 정

『유가론』에 의거하면 정정正定에 둘이 있으니, 첫째는 본성정정
本性正定이요, 두 번째는 습성정정習成正定이다. 오종성五種性[49]
가운데에 보살성菩薩性을 가진 사람은 오역五逆[50]을 짓지 않고

---

48 유(燸, 따뜻할 유, 사를 유)는 곧 난위煖位를 말한다.

49 오종성五種性: 『보살영락본업경』에서 보살 수행의 52위를 여섯 단계로
분류하여 그 가운데 과성果性인 제6 묘각성妙覺性을 제외한 인위因位의
다섯 종성을 말한다. 52위를 여섯 단계로 분류한 것은 다음과 같다. 십주十住
는 습종성習種性, 십행十行은 성종성性種性, 십회향十廻向은 도종성道種性,
십지十地는 성종성聖種性, 등각等覺은 등종성等種性, 묘각妙覺은 묘각성妙覺
性이라고 한다. 이러한 육종성六種性 가운데서 묘각성을 뺀 나머지가 오종성
이다.

50 오역五逆: 오역죄五逆罪라고도 한다. 불교의 다섯 가지 큰 중죄. 여기에
대승과 소승의 오역이 있다. ①소승: ㉮아버지를 죽이는 것. ㉯어머니를
죽이는 것. ㉰아라한을 죽이는 것. ㉱화합승단을 깨뜨리는 것. ㉲갈마승羯磨
僧을 죽이는 것이다. ②대승: ㉮불탑을 깨뜨리는 것. ㉯사찰을 파괴하는
것. ㉰경전을 불사르는 것. ㉱부처님이나 보살, 아라한의 존상을 부수는
것. ㉲삼보의 재물을 훔쳐 사유물로 만드는 것.

선근도 끊지 아니하니, 이를 본생정정취本生正定聚라고 이름한다. 그러나 이승성(二乘性: 성문과 연각의 종성)과 부정성不定性은 오역을 짓고 선근을 끊으면, 선근을 끊을 때를 사정취라고 부른다. 이러한 사람이 선근을 계속하여 나간 뒤에라도 바른 길에 들지 못할 때에는 부정취가 된다.

이미 바른 길에 들어간 때에는 곧 세 가지 품계(三品)가 있다. 본래 상근기로 바른 길에 들어간 사람은 즉시 정정취가 되고, 중근기는 난위煖位에 이르며, 하근기는 정위頂位[51]에 이르러서야 각각 정정취가 되며, 나머지는 부정취에 속한다. 만약 이 부정의 종성種性을 가진 사람이라도, 바로 대승을 향하여 바른 길로 들어간 자가 신심을 수행하여 일만 겁이 지나 신심을 성취되면 비로소 정정취가 된다.

如起信論即明此義 是約習成正定聚說 若其本來菩
여 기 신 론 즉 명 차 의　시 약 습 성 정 정 취 설　약 기 본 래 보

薩種性 直向大乘而趣入者 始趣入時 永得不退 不由
살 종 성　직 향 대 승 이 취 입 자　시 취 입 시　영 득 불 퇴　불 유

---

51 난위煖位와 정위頂位: 소승 성문의 수행계위 중 내범위內凡位의 사선근(四善根: 난위煖位, 정위頂位, 인위忍位, 세제일위世第一位)에 나오는 계위. ①난위煖位는 사선근의 첫째 위계로서 위 3현賢의 수행을 거쳤으나 아직 큰 지혜가 생기기 전의 계위로, 지혜가 생기는 상태가 마치 불이 일어날 때 먼저 온기가 도는 것에 비유하여 이름한 것이다. ②정위頂位는 사선근의 둘째 위계로서 유루有漏의 선근 중에서는 최고의 단계이므로 정위라고 한다.

業力墮於惡趣 依此而言 入十信位便得不退 不同前
업 력 타 어 악 취 의 차 이 언 입 십 신 위 변 득 불 퇴 부 동 전

說不定性人 如是等說 皆就穢土 若就得生彼淨土者
설 부 정 성 인 여 시 등 설 개 취 예 토 약 취 득 생 피 정 토 자

定性二乘則不往生 從無餘後或可往生 不定性中 三
정 성 이 승 즉 불 왕 생 종 무 여 후 혹 가 왕 생 부 정 성 중 삼

品之人皆發心者皆得生彼生彼之時則入生定[52] 由外
품 지 인 개 발 심 자 개 득 생 피 생 피 지 시 즉 입 생 정 유 외

緣力所住持故 三聚分別 略義如是
연 력 소 주 지 고 삼 취 분 별 약 의 여 시

저 『기신론』에서도 이 뜻을 밝혔으니, 이는 수습에 의거하여 정정취를 이룸을 말한 것이다. 만약 본래부터 보살 종성으로서 곧바로 대승을 향하여 들어간 자라면 처음 들어간 때에 영원히 물러나지 않음을 얻으며, 업력業力으로 말미암아 악취(惡趣: 3악도)에 떨어지지 않는다고 하였다.

여기(보살 종성의 경우)에 의거하여 말한다면, 십신위十信位[53]에 들어가야 문득 불퇴를 얻는다고 앞에서 말한 부정성인(不定性人: 부정취의 종성)과는 같지 않다.

그러나 이와 같은 것들은 모두 예토(穢土: 사바세계)의 경우에

---

52 대정장에는 即入正定으로 되어 있다.

53 십신위十信位: 보살이 수행하는 52위 내지 42위 단계 중 최초의 1위로부터 제10위까지의 단계. 즉 ①신심信心·②염심念心·③정진심精進心·④혜심慧心·⑤정심定心·⑥불퇴심不退心·⑦호법심護法心·⑧회향심廻向心·⑨계심戒心·⑩원심願心을 말한다.

대해서 말한 것이다. (예토의 경우에) 만약 저 정토에 왕생할 수 있는 자는, 이승二乘으로 정해진 종성은 곧 왕생하지 못하고 무여열반無餘涅槃[54]을 얻은 뒤에야 혹 왕생할 수 있게 된다.

그러나 부정성不定性 가운데서도 삼품三品인 사람으로 모두 발심한 자는 모두 저 정토에 왕생할 수 있는데, 저 정토에 왕생할 때에 바로 정정취에 들어가나니, 이는 외적인 연(外緣, 부처님의 가피)의 힘이 안주케 하고 유지해주기 때문이다. 삼취(三聚: 사정취, 부정취, 정정취)에 대한 분별은 그 뜻이 대략 이와 같다.

(5) 아미타불의 원행으로 성취된 정토

今此經說 無量壽國 就第四門說為淨土 所以然者 為
금 차 경 설　무 량 수 국　취 제 사 문 설 위 정 토　소 이 연 자　위

欲普容大小 兼引凡聖 並生勝處 同趣大道故 如下文
욕 보 용 대 소　겸 인 범 성　병 생 승 처　동 취 대 도 고　여 하 문

云 設我得佛 國中人民 不住定聚 必至滅度者 不取正
운　설 아 득 불　국 중 인 민　부 주 정 취　필 지 멸 도 자　불 취 정

覺 又言 設我得佛 國中聲聞 有能計量 知其數者 不取
각　우 언　설 아 득 불　국 중 성 문　유 능 계 량　지 기 수 자　불 취

正覺 乃至廣說故
정 각　내 지 광 설 고

---

54 **무여열반**無餘涅槃: 무여의열반無餘依涅槃이라고도 한다. 생사의 세계인 번뇌장을 끊고 증득한 열반이며, 고과苦果인 현재의 신체까지 멸해 남김없이 없어지는 열반이므로 이렇게 부른다.

44

이제 이 경(『무량수경』)에서는 무량수국(無量壽國: 극락세계)에
대하여 설하시되 제4문(四門: 대승·소승·범부·성인)에 대하여 정
토가 되는 까닭을 설명하였다. 그 이유는 대승과 소승을 널리
포용하고 아울러 범부와 성인을 인도하여 함께 수승한 곳(勝處,
극락세계)으로 왕생하여 같이 대도大道로 나아가고자 하기 때문이
다. 아래의 경문에서 이르기를 "설사 제가 부처가 되어도 그 나라
안의 인민人民이 정정취에 머물러서 반드시 멸도(滅道: 성불)에
이르지 못한다면 정각正覺을 취하지 않겠습니다"라고 하셨고,
또 이르기를 "설사 제가 부처가 되어도 나라 안의 성문의 수를
헤아려······ 그 수를 알 수 있다면 정각을 취하지 않겠습니다"라고
널리 설하신 것과 같기 때문이다.

而論說曰 女人及根缺 二乘種不生者 是說決定種性
이 논 설 왈 여인급근결 이승종불생자 시설결정종성

二乘未入無餘 未發大心 非謂不定根性聲聞 及趣寂
이 승미입무여 미발대심 비위부정근성성문 급취적

性 出無餘後 為簡此故 言二乘種 由是道理 不相違也
성 출무여후 위간차고 언이승종 유시도리 불상위야

그런데 논論에서 설명하기를 "여인과 근(根: 남근)이 없는 자와
이승二乘의 종성은 왕생하지 못한다"고 한 것은 이승으로 결정된
(決定種姓) 종성은 무여열반에 들어가지 못하고 대승의 마음을
일으키지 못한 것을 말한 것이지, 부정근성不定根性과 성문과

취적성(趣寂性: 소승의 적멸에만 나아가는 성품)이 무여열반에서
나온 뒤에 (극락에 왕생하지 못한다는) 말은 아니다. 이러한 것을
간별하기 위하여 이승의 종성이라 말한 것이다. 이러한 도리道理로
말미암아 서로 어긋나지 않는다.

又言 女人及根缺者 謂生彼時 非女非根缺耳 非此女
우언 여인급근결자 위생피시 비녀비근결이 비차녀

等不得往生 如韋提希而得生故 然鼓音聲王陀羅尼
등부득왕생 여위제희이득생고 연고음성왕다라니

經曰 阿彌陀佛 父名月上轉輪聖王 母名曰殊勝妙眼
경왈 아미타불 부명월상전륜성왕 모명왈수승묘안

等 乃至廣說者 或曰 是說化佛所居化土 論所說者是
등 내지광설자 혹왈 시설화불소거화토 논소설자시

受用土 或言 是法門父母 如維摩說 由是道理 故不相
수용토 혹언 시법문부모 여유마설 유시도리 고불상

違 上來四門 所說淨土 皆是如來願行所成 非生彼者
위 상래사문 소설정토 개시여래원행소성 비생피자

自力所辨 不如穢土外器世界 唯由眾生共果[55]所成 是
자력소판 불여예토외기세계 유유중생공과 소성 시

故通名淸淨土也
고통명청정토야

또 "여인과 근결자(根缺者: 남근이 없는 자)"라고 한 것은, 저
극락에 왕생할 때에는 여인도 아니고 근결자도 아니라는 것을

---

55 대정장에는 苦果로 되어 있다.

46

말한 것뿐이지, 이러한 여인과 근결자가 왕생할 수 없다는 의미가
아니다. 왜냐하면 위제희 부인이 왕생할 수 있었기 때문이다.

그러나 『고음성왕다라니경』에 이르기를 "아미타불의 아버지는
이름이 월상전륜성왕月上轉輪聖王이요 어머니의 이름은 수승묘안
殊勝妙顔이다"는 등으로 널리 설명하였는데, 이에 대해 어떤 사람
이 말하기를 "이는 화신불이 계시는 화토이고, 논(論, 세친의 『왕생
론』)에서 설한 것은 수용토이다[56]"라고 하였고, 혹은 말하기를
"이것은 법문의 부모이니, 『유마경』의 설과 같다"라고 하였다.
이러한 도리로 말미암아 서로 어긋나는 것이 아니다.

위에서 네 문(四門)으로 설명한 정토는 모두 여래의 원행(願行:
원력과 수행)으로 이루어진 것이며, 저 극락에 왕생하는 자의 자력
自力으로 이루어지는 것이 아니다. 이는 예토穢土의 외부 기세계[57]
가 오직 중생의 공업(共業: 공통적인 업력)으로 말미암아서 이루어

56 수용토受用土: 여기에는 자수용토自受用土와 타수용토他受用土가 있다. ①
   자수용토: 부처님께서 수행하시는 때에 자기의 증과가 원만하기를 바라서
   수행이 완성되어 감득한 끝없이 너른 정토. 자수용신이 상주하여 끝없이
   스스로 법락을 받는 곳. ②타수용토: 부처님께서 수행하시던 때에 중생을
   구제할 원력을 세워 수행한 결과로 감득한 정토. 타수용신이 거주하여
   십지보살이 기류의 대·소·승·열에 따라 법락을 받는 국토. 즉 서방극락세
   계를 말한다.
57 기세계器世界: 기세간器世間이라고도 한다. 삼종세간(三種世間: 器世間·衆
   生世間·智正覺世間) 중의 하나. 중생을 수용하는 세간이라는 뜻. 우리가
   살고 있는 산하대지 등의 세계를 말한다.

진 것과는 같지 않다. 이런 까닭에 통틀어 청정토淸淨土라고 부른다.

3. 의혹의 환란을 밝힘

第三明疑惑患難者 於中初明所疑境 次明對治疑想[58]
제 삼 명 의 혹 환 난 자　어 중 초 명 소 의 경　차 명 대 치 의 상

後明生彼化胎優劣
후 명 생 피 화 태 우 열

　세 번째는 의혹의 환란을 밝힌다. 이 중에서 처음은 의심되는
경계를 밝히고, 다음은 의혹의 생각을 대치하는 모습을 밝히며,
뒤에는 저 극락에 왕생함에 있어 화생과 태생의 우열을 밝힌다.

---

58 속장경에는 疑가 疑惑으로 되어 있고, 想도 相으로 되어 있다.

1) 의심되는 경계를 밝힘

言明所疑之境者 如下文曰 若有眾生 以疑惑心修⁵⁹功
언 명 소 의 지 경 자 여 하 문 왈 약 유 중 생 이 의 혹 심 수 공

德願生彼國 不了佛智 不思議智 不可稱智 大乘廣智
덕 원 생 피 국 불 료 불 지 불 사 의 지 불 가 칭 지 대 승 광 지

無等無倫最上勝智 於此諸智疑惑不信 然猶信罪福
무 등 무 륜 최 상 승 지 어 차 제 지 의 혹 불 신 연 유 신 죄 복

修習善業 願生彼國 此諸眾生 生彼宮殿五百歲中 不
수 습 선 업 원 생 피 국 차 제 중 생 생 피 궁 전 오 백 세 중 불

聞三寶 故說邊地 乃至廣說 此言佛智 是總標句 下之
문 삼 보 고 설 변 지 내 지 광 설 차 언 불 지 시 총 표 구 하 지

四句各顯四智
사 구 각 현 사 지

의심되는 경계를 밝힌다고 말한 것은, 아래의 경문에서 이르기를 "만약 어떤 중생이 의혹심疑惑心을 가진 채 모든 공덕을 닦아 저 극락세계에 나기를 원한다면 이는 불지(佛智: 부처님의 지혜), 불사의지(不思議智: 생각하거나 논할 수 없는 지혜), 불가칭지(不可稱智: 일컬을 수 없는 지혜), 대승광지(大乘廣智: 대승의 넓은 지혜), 무등무륜최상승지(無等無倫最上勝智: 등급이 없고 짝할 것이 없는 최상으로 뛰어난 지혜)를 깨닫지 못하고 이 모든 지혜에 대하여 의심하여 믿지 않는 것이다. 그러면서도 오히려 죄와 복을 믿고

---

59 속장경에는 功德 앞에 諸자가 있다.

선업을 닦아서 저 나라에 왕생하기를 원한다면, 이러한 모든 중생은 저 극락의 (변두리에 있는) 궁전에 태어나서 오백 세 동안 삼보三寶에 대하여 듣지 못한다. 그 때문에 변지(邊地: 변두리 지역)라고 말한다"는 등으로 널리 설하신 것이다.

여기서 불지佛智를 말한 것은 총괄적으로 표시한 구절이고, 아래의 네 구절은 각각 네 가지 지혜(四智)를 나타낸 것이다.

(1) 네 가지 지혜

① 불사의지-성소작지

不思議智者 是成所作智 此智能作不思議事 謂如不
불사 의 지 자 시 성 소 작 지 차 지 능 작 불 사 의 사 위 여 불

過丈六之身 而無能見頂者 不增毛孔之量 而徧十方
과 장 육 지 신 이 무 능 견 정 자 부 증 모 공 지 량 이 변 시 방

世界 一念稱名 永滅多劫重罪 十念念德 能生界外勝
세 계 일 념 칭 명 영 멸 다 겁 중 죄 십 념 염 덕 능 생 계 외 승

報 如是等事 非其所測 是故名為不思議智
보 여 시 등 사 비 기 소 측 시 고 명 위 불 사 의 지

불사의지不思議智[60]란 성소작지聖所作智[61]를 말한다. 이 지혜는

---

60 불사의지不思議智: 불가사의지不可思議智의 약칭으로, 부처님의 지혜는 깊고 넓고 미묘하여 마음으로 헤아릴 수 없으므로 이렇게 이름한다. 이치理致가 미묘하고 용사用事가 희유하기 때문에 중생의 식량識量으로는 그것을 측량하거나 사량할 수 없으며 언어로 형용할 수 없다는 뜻이다.

능히 생각하거나 말할 수 없는 불가사의한 일을 이룰 수 있다.
말하자면 (부처님의 몸은) 1장 6척에 지나지 않는 몸(丈六身:
약 4,85m)이지만 능히 이마를 보는 사람이 없고, 털구멍만큼도
더하지 않으면서도 시방세계에 가득하여, 일념一念으로 명호를
부르면 많은 겁 동안의 무거운 죄를 영원히 소멸된다. 뿐만 아니라
십념十念으로 염불한 공덕으로도 삼계 밖의 수승한 과보토에 왕생
할 수 있다. 이와 같은 일들은 다 헤아릴 수가 없기 때문에 불사의지
라고 부른다.

② 불가칭지-묘관찰지

不可稱智者 是妙觀察智 此智觀察不可稱境 謂一切
불 가 칭 지 자　시 묘 관 찰 지　차 지 관 찰 불 가 칭 경　위 일 체

法如幻如夢 非有非無離言絶慮 非逐言者所能稱量
법 여 환 여 몽　비 유 비 무 이 언 절 려　비 축 언 자 소 능 칭 량

是故名為不可稱智
시 고 명 위 불 가 칭 지

　불가칭지不可稱智란 묘관찰지妙觀察智[62]를 말한다. 이 지혜로

---

61 성소작지成所作智: 사지(四智: 성소작지·묘관찰지妙觀察智·평등성지平等性智
·대원경지大圓鏡智)의 하나. 불과佛果에 이르러 유루有漏의 전오식(前五識:
안眼·이耳·비鼻·설舌·신식身識)과 그 상응심품相應心品을 바꾸어(轉捨) 얻은
지혜. 십지十地 이전의 보살과 이승二乘과 범부 등을 이락利樂케 하기 위하여
시방에서 삼업三業으로 여러 가지 변화하는 일을 보여 각기 이익을 얻게
하는 지혜를 말한다.

일컬을 수 없는 경계를 관찰하는 것이다. 말하자면 일체의 법은 허깨비(幻)와 같고 꿈과 같으며, 있는 것(有)도 아니고 없는 것(無)도 아니며, 말을 여의고 생각도 끊어졌기에 말을 좇아서는 능히 헤아릴 수가 없다. 그러므로 불가칭지라고 부른다.

③ 대승광지-평등성지

大乘廣智者 是平等性智 此智廣度 不同小乘 謂遊無
대 승 광 지 자 시 평 등 성 지 차 지 광 도 부 동 소 승 위 유 무

我 故無不我 無不我 故無不等攝 以此同體智力 普載
아 고 무 불 아 무 불 아 고 무 부 등 섭 이 차 동 체 지 력 보 재

無邊有情 皆令[63]同至無上菩提 是故名為大乘廣智
무 변 유 정 개 령 동 지 무 상 보 리 시 고 명 위 대 승 광 지

대승광지大乘廣智란 평등성지平等性智[64]를 말한다. 이 지혜는

---

62 묘관찰지妙觀察智: 사지의 하나. 제육식第六識을 바꾸어 얻은 지혜. 묘妙는 불가사의한 힘이 자재함을 말한다. 관찰은 모든 법을 살피는 것. 모든 법을 관찰하여 정통하고, 중생의 근기를 알아서 불가사의한 자재의 힘을 나타내며, 공교하게 법을 설하여 여러 가지 의심을 끊게 하는 지혜. 오불五佛 (①대일여래: 중앙, ②아촉불: 동방, ③보생불: 남방, ④아미타불: 서방, ⑤석가모니불: 북방) 중에서는 서방의 아미타불에 해당한다.

63 대정장에는 令이 全으로 되어 있다.

64 평등성지平等性智: 사지의 하나. 제칠식第七識을 바꾸어 얻은 무루無漏의 지혜이다. 통달위通達位에서 그 일분一分을 증득하고, 불과에 이르러 그 전분全分을 증득한다. 일체의 모든 법과 자기와 다른 유정有情들을 반연攀緣하여 평등일여平等一如한 이성理性을 관觀하고 너와 나라는 차별심을 여의

중생을 널리 제도하기에 소승과는 같지 않다. 말하자면 무아無我에 노닐기 때문에 아我가 아닌 것도 없고, 아가 아닌 것도 없기 때문에 평등하게 거두어들이지 않는 것이 없다. 이러한 동체대비[65]의 지력智力으로써 끝이 없는 중생을 싣고 모두 함께 무상의 보리에 이르게 하는 것이다. 그러므로 대승광지라고 부른다.

④ 무등무륜최상승지-대원경지

無等無倫最上勝智者　正是如來大圓鏡智　始轉本識
무 등 무 륜 최 상 승 지 자　정 시 여 래 대 원 경 지　시 전 본 식

方皈心原　一切種境　無不圓照　是名爲大圓鏡智　此一
방 귀 심 원　일 체 종 경　무 불 원 조　시 명 위 대 원 경 지　차 일

智中[66]　有五殊勝如解脫身二乘同得如是鏡智正是法
지 중　유 오 수 승 여 해 탈 신 이 승 동 득 여 시 경 지 정 시 법

身[67]　非彼所共　故名無等　是一勝也
신　비 피 소 공　고 명 무 등　시 일 승 야

　무등무륜최상승지無等無倫最上勝智란 바로 여래의 대원경지大圓鏡智[68]를 말한다. 처음으로 근본이 되는 식(本識: 제8식)을 바꾸

　어 대자대비심大慈大悲心을 일으키며, 보살을 위하여 가지가지로 교화하여 이익케 하는 지위를 말한다.

65 동체대비同體大悲: 불보살이 법성法性의 한결같은 이치를 달관하고 중생이나 자기가 같은 몸이라고 알고 있는 데서 일어나는 자비심. 중생의 괴로움을 그대로 자기의 괴로움인 줄 알고 어여삐 여기는 대자대비의 마음.
66 智中이 대정장에는 中智로 되어 있다.
67 대정장에는 正是法身 앞에 此一智中이란 문장이 부가되어 있다.

어 바야흐로 일체의 근본 경계(種境)를 원만하게 비추지 않는 곳이 없다. 이를 대원경지라고 부른다. 이 하나의 지혜 속에는 다섯 가지 수승함이 있다. 해탈신解脫身과 같은 것은 이승二乘도 함께 얻을 수 있다. 그러나 이와 같은 대원경지는 바로 법신이므로 저들(이승)이 함께 할 바가 아니다. 그러므로 무등無等이라고 부르는데, 이것이 첫 번째 수승함이다.

如前三智 菩薩漸得 大圓鏡智 唯佛頓證 更無餘類 故
여 전 삼 지 보 살 점 득 대 원 경 지 유 불 돈 증 갱 무 여 류 고

名無倫 是二勝也 過於不思議智爲最 踰於不可稱智
명 무 륜 시 이 승 야 과 어 불 사 의 지 위 최 유 어 불 가 칭 지

爲上 寬於大乘廣智爲勝 是爲第三四五勝也 是故名
위 상 관 어 대 승 광 지 위 승 시 위 제 삼 사 오 승 야 시 고 명

爲無等無倫最上勝智 是顯四疑所述[69]境也
위 무 등 무 륜 최 상 승 지 시 현 사 의 소 술 경 야

앞에서 든 세 가지 지혜는 보살도 점차로 얻지마는, 대원경지는 오직 부처님만 단박에 증득할 수 있을 뿐, 나머지 부류들에게는

---

68 대원경지大圓鏡智: 사지의 하나. 유루의 제팔식第八識을 바꾸어 얻은 무루의 지혜. 이것은 거울에 한 점의 티끌도 없이 삼라만상이 그대로 비추어 모자람이 없는 것과 같이 원만하고 분명한 지혜이므로 대원경지라고 한다. 불과佛果에서 처음으로 얻은 지혜이다.

69 대정장에는 述자가 迷자로 되어 있다. 이 경우는 '네 가지 의심으로 미혹된 경계를 드러낸 것이다'로 해석할 수 있다.

없는 것이다. 그러므로 무륜(無倫: 짝이 없음)이라고 부르는데, 이것이 두 번째 수승함이다. 불사의지를 초과하므로 최最라고 하고, 불가칭지를 뛰어넘기에 상上이라 하며, 대승광지보다 넉넉하여 승勝하다고 하는데, 이것이 셋째, 넷째, 다섯째로 수승함이 된다. 그러므로 무등무륜최상지라고 부르는 것이다. 이것이 네 가지 의심(四疑)으로 미혹된 경계를 드러낸 것이다.

2) 의혹을 대치하는 모습

次明對治疑惑相者 謂如有一性非質直 邪聰我慢 薄
차 명 대 치 의 혹 상 자 위 여 유 일 성 비 질 직 사 총 아 만 박

道心人 不了四智而起四疑
도 심 인 불 료 사 지 이 기 사 의

　다음으로는 의혹을 대치하는 모습을 밝힌다. 말하자면 어떤 이의 성품이 질박하거나 정직(質直)하지 못하고 삿된 총명과 아만으로 도심道心이 얕은 사람은 부처님의 네 가지 지혜(四智)를 깨닫지 못하고 네 가지의 의심을 일으킨다.

(1) 성소작지로 행하시는 일을 의심함

一者疑成所作智所作之事 謂同[70]經說 十念念佛 得生
일 자 의 성 소 작 지 소 작 지 사 위 동 경 설 십 념 염 불 득 생

彼國 由不了故 生疑而言 如佛經說 善惡業道 罪福無
피국 유불료고 생의이언 여불경설 선악업도 죄복무

朽重者既礙[71] 理致無差 如何一生無惡不造 但以十念
후 중자기애   이치무차 여하일생무악부조 단이십념

能滅諸罪 便得生彼 入正定聚 永離三途 畢竟不退耶
능멸제죄 변득생피 입정정취 영리삼도 필경불퇴야

又無始來起諸煩惱 繫屬三界 而相纏縛 如何不斷二
우무시래기제번뇌 계속삼계 이상전박 여하부단이

輪煩惱 直以十念 出三界外耶
륜번뇌 직이십념 출삼계외야

　그 첫 번째는 성소작지로 행하시는 일을 의심하는 것이다. 이른
바 경에서 말씀하신, 십념十念[72]의 염불로 저 나라에 태어날 수
있다는 것을 듣고도 깨닫지 못하므로, 의심을 내어서 말하기를
"불경에서 설한 것과 같이 '선악의 업도業道에는 죄와 복이 사라지
지 않는다' 하셨으니, 무거운 자는 이미 장애가 됨이 이치에 어긋남
이 없다. 그런데 어떻게 일생 동안 악을 짓지 않음이 없는 자가
단지 십념 염불로써 능히 모든 죄를 소멸시키고 즉시 저 극락에

---

70 속장경에는 同이 聞으로 되어 있다.

71 속장경에는 旣礙가 선견先牽으로 되어 있다.

72 십념十念: 여기서는 십념왕생十念往生의 뜻이다. 즉 오역죄五逆罪를 지은
　　중죄인이라도 죽을 때에 선지식善知識의 가르침을 따라 지성으로 열 번만
　　'나무아미타불'을 부르면 극락세계에 태어날 수 있다는 것이다. 이 말씀은
　　『무량수경』의 제18원 및 『관무량수경觀無量壽經』 하품하생下品下生에 나
　　온다.

왕생하여 정정취에 들어가 영원히 삼도(三途: 지옥·아귀·축생의 삼악도)를 여의고 끝내 불퇴전에 오를 수 있겠는가!

또 비롯함이 없는 때부터 모든 번뇌를 일으키어 삼계에 얽매이고 예속되어 서로 얽히고 묶였는데, 어떻게 두 바퀴 번뇌(二輪煩惱: 견혹과 사혹의 두 번뇌)를 끊지 않고 곧바로 십념만으로써 삼계의 밖으로 벗어날 수 있겠는가?"라고 한다.

為治如是邪思惟疑　是故說名不思議智　欲顯佛智有
위 치 여 시 사 사 유 의　시 고 설 명 부 사 의 지　욕 현 불 지 유

大勢力　故能以近爲遠　以遠爲近　以重爲輕　以輕爲重
대 세 력　고 능 이 근 위 원　이 원 위 근　이 중 위 경　이 경 위 중

雖實有是事　而非思量境　所以直爾[73]仰信經說　不得以
수 실 유 시 사　이 비 사 량 경　소 이 직 이　앙 신 경 설　부 득 이

自淺識思識[74]
자 천 식 사 식

이와 같은 삿된 사유와 의심을 대치하기 위한 까닭에 불사의지不思議智라고 이름한 것이니, 부처님의 지혜가 큰 세력이 있음을 나타내고자 한 것이다. 그러므로 가까운 것을 멀게도 하시고 먼 것을 가깝게도 하시며, 무거운 것을 가볍게도 하시고 가벼운 것을 무겁게도 하실 수 있는 것이다. 비록 이러한 일은 실제로 있는

---

73 대정장에는 爾가 而로, 속장경에는 爾가 應으로 되어 있다.
74 속장경에는 識이 惟로 되어 있다.

것이지만 생각으로 헤아려 알 수 있는 경계가 아니다. 그러므로 경에서 설하신 대로 곧바로 우러러 믿어야 하나니, 스스로의 천박한 지식을 가지고서 생각해서는 알 수가 없다.

若欲生信 應以事說 譬如千年積薪 其高百里 豆計火
약 욕 생 신 응 이 사 설 비 여 천 년 적 신 기 고 백 리 두 계 화

燒 一日都盡 可言千年之積薪 如何一日盡耶 又如躄
소 일 일 도 진 가 언 천 년 지 적 신 여 하 일 일 진 야 우 여 벽

者自力勤行 要逕多日 至一由旬 若寄他船 亦因風勢
자 자 력 근 행 요 경 다 일 지 일 유 순 약 기 타 선 역 인 풍 세

一日之間 能到千里 可言躄者 云何一日至千里耶 世
일 일 지 간 능 도 천 리 가 언 벽 자 운 하 일 일 지 천 리 야 세

間船師之力 尚作如是絕慮之事 何況如來法王之力
간 선 사 지 력 상 작 여 시 절 려 지 사 하 황 여 래 법 왕 지 력

而不能作不思議事耶 是為對治第一疑也
이 불 능 작 부 사 의 사 야 시 위 대 치 제 일 의 야

만약 믿음을 내고자 한다면 마땅히 사례를 들어 말해보겠다. 비유컨대 천년 동안이나 쌓은 섶의 높이가 백리나 된다고 하더라도 이를 태우면 콩만 한 불씨로 하루 만에 모두 다 태울 수 있다. 그런데도 "천년 동안 쌓은 섶을 어떻게 하루에 다 태우느냐?"라고 말하는 것과 같다.

또 앉은뱅이가 자력自力으로 부지런히 간다면 여러 날을 보내야 한 유순[75]을 가겠지만, 만약 그가 배를 타고 바람의 힘에 의지한다

면 하루 동안에 능히 천 리를 갈 수 있다. 그런데도 (의심하여) "앉은뱅이가 어떻게 하루 동안에 천 리를 간다고 말하는가?"라고 말한다.

세간에서 배를 부리는 사공의 힘으로도 오히려 이와 같이 생각지 못하는 일을 하거든, 하물며 여래 법왕의 힘으로 어찌 불가사의한 일을 할 수 없겠는가? 이것이 (네 가지 의심 중에) 첫 번째 의심을 대치하는 것이 된다.

(2) 묘관찰지로 관찰하시는 경계를 의심함

第二疑者 謂疑妙觀察智 所觀之境 經中[76]讚佛智云 妙
제 이 의 자 위 의 묘 관 찰 지 소 관 지 경 경 중 찬 불 지 운 묘

觀察智諸法非有非[77]無 遠離二邊 不著中道 由不了故
관 찰 지 제 법 비 유 비 무 원 리 이 변 불 착 중 도 유 불 료 고

生疑而言 如今現見稱量 物重則低 物輕必擧 若言輕
생 의 이 언 여 금 현 견 칭 량 물 중 즉 저 물 경 필 거 약 언 경

而不擧 重而不低 如是說者 有言無義 因緣生法 當知
이 불 거 중 이 부 저 여 시 설 자 유 언 무 의 인 연 생 법 당 지

亦爾 若實非無 便墮於有 如其非有 則當於無 若言非
역 이 약 실 비 무 변 타 어 유 여 기 비 유 즉 당 어 무 약 언 비

---

75 유순由旬: 유순은 고대 인도의 거리 단위. 범어 yojana의 음역으로 성왕이 하루 동안 행정行程하는 거리인 40리(혹은 30리)에 해당한다.

76 속장경에는 經中이 如聞經中으로 되어 있다.

77 대정장에는 非자가 없다.

無而不得有 非有而不墮無 則同重而不低 輕而不舉
무 이 부 득 유　비 유 이 불 타 무　즉 동 중 이 부 저　경 이 불 거

故知是說有言無實
고 지 시 설 유 언 무 실

　두 번째 의심이란 이른바 묘관찰지로 관찰하시는 경계에 대하여
의심하는 것이다. 경에서 부처님의 지혜를 찬탄하여 이르기를
"모든 법法을 관찰하니 유有도 아니고 무無도 아니며 (유무의)
두 가지 변(邊: 끝)을 멀리 여의고 중도中道[78]에도 집착하지 아니한
다"라고 하였다. 그런데 이를 분명히 알지 못하기 때문에 의심을
내어 말하기를 "지금 저울을 보면, 물건이 무거우면 저울대가
낮아지고 물건이 가벼우면 저울대가 반드시 올라간다. 그런데
만약 가벼운데도 저울대가 올라가지 않고 무거운데도 저울대가
낮아지지 않는다고 말한다면, 이는 말만 있되 실제적 의미는 없는
것이다. 인연으로 생기는 법도 또한 마땅히 그러한 것임을 알아야

---

78 중도中道: 유무有無의 치우친 삿된 극단을 여읜 중정中正한 도道라는 말.
　이 말은 대승과 소승을 통하여 널리 쓰이는데, 그 뜻도 얕고 깊은 것이
　각각 다르지만 그 핵심적인 뜻을 나타내는 것은 일치한다. 예컨대 소승에서
　는 부처님께서 말씀하신 유·무와 단斷·상常의 이변二邊을 여읜 비유비무非
　有非無와 비상비단非常非斷의 이치를 중도라고 한다. 법상종法相宗에서는
　유에도 치우치지 않고 공에도 치우치지 않는 비유비공非有非空을 중도라고
　하고, 삼론종三論宗에서는 불생불멸不生不滅과 부단불상不斷不常의 팔불八
　不에 의하여 나타나는 불가득不可得의 법을 중도라고 하고, 천태종天台宗에
　서는 실상實相을, 화엄종華嚴宗에서는 법계를 중도라고 한다.

62

한다. 만약 실제로 무無가 아니면 곧 유有에 떨어질 것이요, 만약
유가 아니면 곧 무에 해당하게 된다. 만약 '무가 아니면서도 유를
얻지 못하고, 유가 아니면서도 무에도 떨어지지 않는다'고 말한다
면, 이는 곧 무거운데도 저울의 저울대가 낮아지지 않고, 가벼운데
도 저울대가 올라가지 않는 것과 같다. 그러므로 이것도 말은
있으나 실제는 없는 것임을 알 수 있다"라고 한다.

如是稱量 則墮諸邊 或執依他實有 墮增益邊 或執緣
여 시 칭 량　즉 타 제 변　혹 집 의 타 실 유　타 증 익 변　혹 집 연

生空無 墮損減邊 或計俗有眞空 雙負二邊 墮相違論
생 공 무　타 손 감 변　혹 계 속 유 진 공　쌍 부 이 변　타 상 위 론

或計非有非無 著一中邊 墮愚癡論
혹 계 비 유 비 무　착 일 중 변　타 우 치 론

이와 같이 저울질한다면 곧 온갖 치우침(邊)에 떨어진다. 또는
의타依他[79]를 실제 있는 것으로 집착하면 증익增益[80]의 치우침 떨어

---

79 의타依他: 의타기성依他起性의 약칭. 유식삼성(唯識三性: 변계소집성遍計所執
性·의타기성·원성실성圓成實性)의 하나. 자기 혼자만의 원인으로는 일어나기
어렵고 반드시 다른 연緣을 기다려서 일어나는 마음과 물질의 모든 현상을
말한다.
80 증익增益: 법계의 진성眞性은 여여如如하고 여실如實한 것인데도 중생의
식견에는 모든 것이 차별되고 분별되게 보인다. 그것은 무엇을 집착하게
되는 조연助緣으로 그렇게 되는데, 여기서의 이 증익增益은 여여한 법계진성
法界眞性에 무엇을 가져다가 보태는 소견所見을 말한다. 즉 유有에 집착하는
것이다.

지고, 또는 인연으로 생겨난 것(緣生)을 공무空無라고 집착하면 손감損減[81]의 치우침에 떨어지며, 또는 속제를 유有로 계탁하고 진제를 공空으로 계탁하여 두 치우침을 모두 등지면 상위론(相違論: 서로 이치에 어긋나는 논리)에 떨어지며, 또는 유도 아니고(非有) 무도 아니라고(非無) 계탁하여 한결같은 중中의 치우침에 집착하면 우치론(愚癡論: 어리석은 논리)에 떨어진다.

如釋論云　非有非無是愚癡論故　為治此等邪稱量執
여 석 론 운　비 유 비 무 시 우 치 론 고　위 치 차 등 사 칭 량 집

是故安立不可稱智　欲顯諸法甚深　離言絶慮　不可尋
시 고 안 립 불 가 칭 지　욕 현 제 법 심 심　이 언 절 려　불 가 심

思稱量　如言取義
사 칭 량　여 언 취 의

　이는 『석론釋論』(『대지도론』)에서 "유有도 아니고 무無도 아니라고 하는 것은 우치론이다"라고 말한 것과 같다. 그래서 이러한 삿되게 저울질하는 집착을 다스리기 위해서 불가칭지를 바로 세움으로써 모든 법은 매우 깊어 말을 떠나고 생각도 끊어져서 생각하거나 저울질하거나 말에 따라 뜻을 취할 수 없음을 나타내고자 한 것이다.

---

81 증익의 반대로, 무無나 부정否定을 말한다.

如瑜伽論說 云何甚深難見之法 謂一切法 何以故 第
여유가론설 운하심심난견지법 위일체법 하이고 제

一甚深難見法者 所謂諸法自性 絶諸戲論 過言說道
일심심난견법자 소위제법자성 절제희론 과언설도

然由言說為依正故 方乃可取可觀可覺 是故諸法甚
연유언설위의정고 방내가취가관가각 시고제법심

深難見 是為對治第二疑也
심난견 시위대치제이의야

『유가론』에서 설한 것과 같다. "어떤 것이 매우 깊고 보기 어려운 법인가? 이른바 일체의 법이다. 무슨 까닭인가? 제일로 깊고 깊어 보기가 어려운 법이란 이른바 모든 법의 자성自性이니, 모든 희론이 끊어지고 언설의 길을 벗어났다. 그러나 언설에 바르게 의지함으로 말미암아 비로소 취할 수 있고 관할 수 있으며 깨달을 수 있다. 이런 까닭에 모든 법은 깊고 깊어 보기가 어렵다." 이것이 두 번째의 의심을 대치하는 것이 된다.

(3) 평등성지로 제도하시는 뜻을 의심함

第三疑者 謂疑平等性智等濟之意 如同經說 一切眾
제삼의자 위의평등성지등제지의 여동경설 일체중

生 悉皆有心 凡有心者 當得菩提 由不了故 生疑而言
생 실개유심 범유심자 당득보리 유불료고 생의이언

若言眾生皆有佛性 悉度一切有情 令得無上菩提者
약언중생개유불성 실도일체유정 영득무상보리자

是則諸衆生雖多 必有終盡 其最後佛 無利他德 所化
시 즉 제 중 생 수 다　필 유 종 진　기 최 후 불　무 리 타 덕　소 화

無故 畢不成佛 功德闕故 無化⁸²有功 不應道理 闕功成
무 고　필 불 성 불　공 덕 궐 고　무 화　유 공　불 응 도 리　궐 공 성

佛 亦無是處 作是邪計 誹謗大乘 不信平等應⁸³度之意
불 역 무 시 처　작 시 사 계　비 방 대 승　불 신 평 등 응　도 지 의

세 번째 의심이란 이른바 (부처님께서) 평등성지平等性智로 (중생을) 평등하게 제도하시는 뜻을 의심하는 것이다. 경에서 말씀하신 것과 같이 "일체중생은 모두 마음이 있고, 무릇 마음이 있는 자는 마땅히 보리를 얻는다"는 뜻을 분명히 알지 못하기 때문에 의심을 내어 말하기를 "만약 중생이 모두 불성이 있으므로 일체 유정을 모두 다 제도하여 무상無上의 보리를 얻게 한다고 말한다면, 모든 중생이 비록 많다고 하더라도 반드시 끝날 때가 있을 것이다. 그러면 그 최후의 부처님은 다른 사람을 이롭게 하는 공덕이 없을 것이고 교화를 받을 중생도 없을 것이므로 끝내 성불하지 못할 것이다. 이는 공덕이 없기 때문이다. 교화할 대상이 없는데 공덕이 있다는 것은 마땅한 도리가 아니며, 공덕이 없는데 성불한다는 것 또한 있을 수 없다"라고 하는 것이다. 이러한 삿된 계탁을 지어 대승을 비방하고서 평등하게 널리 제도하시는 뜻을 믿지 않는다.

---

82 대정장에는 化가 他로 되어 있다.

83 속장경에는 應이 廣으로 되어 있다.

為治如是狹小疑執 是故安立大乘廣智 欲明佛智無
위 치 여 시 협 소 의 집　시 고 안 립 대 승 광 지　욕 명 불 지 무

所運載 運載一切 皆入無餘 故曰大乘 其所運載 無限
소 운 재 운 재 일 체 개 입 무 여 고 왈 대 승 기 소 운 재 무 한

無際 故名廣智 所以然者 虛空無邊故 眾生無數量 三
무 제 고 명 광 지 소 이 연 자 허 공 무 변 고 중 생 무 수 량 삼

世無際故 生死無始終 眾生既無始終 諸佛亦無始終
세 무 제 고　생 사 무 시 종　중 생 기 무 시 종　제 불 역 무 시 종

이와 같은 편협한 생각으로 의심하고 집착하는 것을 다스리기
위한 까닭에 대승광지大乘廣智를 바로 세운 것이다. 부처님의
지혜는 운재(運載: 짐을 싣고 가는 것)하는 것이 없으면서도 일체를
운재하여 모두 무여열반에 들게 하심을 밝히고자 하기에 대승大乘
이라고 말하며, 그 운재하는 바가 한정도 없고 끝도 없기 때문에
광지廣智라고 부른다. 무슨 까닭인가 하면, 허공이 끝이 없기
때문에 중생도 수를 헤아릴 수가 없고 삼세(三世: 과거·현재·미래)
가 끝이 없기 때문에 생사도 시작과 끝이 없다. 중생이 이미 시작과
끝이 없으므로 모든 부처님 또한 시작과 끝이 없는 것이다.

若既諸佛有始成者 其前無佛果[84] 無聖教 無聖教故 無
약 기 제 불 유 시 성 자 기 전 무 불 과　무 성 교 무 성 교 고 무

聞薰習 聞薰習無而成佛者 則無因有果 但有言無實
문 훈 습 문 훈 습 무 이 성 불 자　즉 무 인 유 과 단 유 언 무 실

---

84 속장경에는 果가 卽으로 되어 있다.

由是道理 諸佛無始
유 시 도 리   제 불 무 시

만약 이미 모든 부처님이 처음으로 성불했었다면 그 앞에는 부처님이 없었을 것이요 곧 성교聖教도 없었을 것이다. 성교가 없었기 때문에 (가르침을) 듣고 훈습薰習함도 없었을 것이요, 듣고 훈습하는 일이 없이 성불을 했다고 하면 곧 원인이 없이 결과가 있는 것이니, 이는 다만 말은 있으되 실제는 없는 것이다. 도리가 이러하기 때문에 모든 부처님은 시작이 없는 것이다.

雖實無始 而無一佛本不作凡雖皆本作凡 而展轉無
수 실 무 시   이 무 일 불 본 부 작 범 수 개 본 작 범   이 전 전 무

始 以是准知眾生無終 雖實無終 而無一人 後不作佛
시 이 시 준 지 중 생 무 종 수 실 무 종   이 무 일 인 후 불 작 불

雖悉後作佛 而展轉無終 是故應信平等性智無所不
수 실 후 작 불   이 전 전 무 종   시 고 응 신 평 등 성 지 무 소 부

度 而非有限 是以安立大乘廣智 是為對治第三疑也
도   이 비 유 한   시 이 안 립 대 승 광 지   시 위 대 치 제 삼 의 야

비록 실제로 시작이 없다고 하더라도 한 부처님도 본래는 범부가 아닌 적이 없다. 비록 모두 본래는 범부였다고 하더라도 전전(展轉: 정한 데 없이 옮겨 다님)함에는 시작이 없다. 이러한 뜻에 의거해 보면 중생도 마침이 없음을 알 수 있다. 비록 실제로 마침이 없다고 하더라도 한 사람도 뒷날 부처를 이루지 못하는 일은 없다. 비록

68

모두 부처를 이룬다고 하더라도 전전함에는 마침이 없다.

이런 까닭에 마땅히 평등성지平等性智로 제도하지 못할 것이 없고 한계가 있는 것도 아님을 믿어야 한다. 이 때문에 대승광지大乘廣智를 바로 세우는 것이니, 이것이 세 번째 의심을 대치하는 것이 된다.

(4) 대원경지로 일체 경계를 두루 비추시는 뜻을 의심함

第四疑者 謂大圓鏡智徧照一切境義 云何生疑 謂作
제사의자 위대원경지변조일체경의 운하생의 위작

是言 虛空無邊故 世界亦無邊 世界無邊故 眾生亦無
시언 허공무변고 세계역무변 세계무변고 중생역무

邊 眾生無邊故 心所差別根欲性等皆無邊際 云何於
변 중생무변고 심소차별근욕성등개무변제 운하어

此能得盡知 為當漸漸修習而知 為當不修忽然頓照
차능득진지 위당점점수습이지 위당불수홀연돈조

若不修習忽然頓照者 一切凡夫皆應等照 等不修故
약불수습홀연돈조자 일체범부개응등조 등불수고

無異因故
무이인고

若便漸修 終得盡知者 即一切境非無邊際 無邊有盡
약변점수 종득진지자 즉일체경비무변제 무변유진

不應理故 如是進退 皆不成立 何得普照 名一切種智
불응리고 여시진퇴 개불성립 하득보조 명일체종지

네 번째 의심이란 이른바 대원경지大圓鏡智로 일체 경계를 두루 비추시는 뜻을 의심하는 것이다. 어떤 것을 의심하는가? 이러한 말을 만들어 말하기를 "허공이 끝이 없기 때문에 세계도 끝이 없고, 세계가 끝이 없기 때문에 중생도 끝이 없으며, 중생이 끝이 없기 때문에 마음과 행위도 차별되고 근(根, 근기)·욕(欲, 욕심)·성(性, 성품) 등도 모두 한계가 없으니, 어떻게 이러한 것을 모두 다 알 수 있겠는가? 그것은 마땅히 점차로 수습修習하여 알게 되는 것인가? 마땅히 닦지 않고 홀연히 단박에 비추게(頓照: 단박에 깨달아 앎) 되는가? 만약 수습하지 않고 홀연히 단박에 비추게 된다면 일체 범부도 모두 마땅히 평등하게 비추게 될 것이다. 그러나 (범부는) 평등하게 닦지 않으며 다른 인연도 없는 까닭이다.[85]

만약 바로 점차로 닦아서 마침내 다 알게 된다면 곧 일체의 경계가 한계가 없는 것이 아니게 될 것이니, 한계가 없으면서 다함이 있다는 것은 이치에 맞지 않는 까닭이다. 이와 같이 나아가고 물러나는 것이 모두 성립되지 않는데 어떻게 널리 비출 수 있으며, 일체종지一切種智[86]라고 부를 수 있겠는가?"라고 의심한다.

---

85 그러므로 닦지 않고 홀연히 단박에 비추는 일은 없다.

86 일체종지一切種智: 삼지三智의 하나. ①도종지道種智: 보살이 중생을 교화할 때에 세간·출세간·유루有漏·무루無漏의 도를 말하는 지혜. ②일체지一切智: 모든 법의 총체적 모양을 아는 지혜. 예를 들면 도화圖畵의 윤곽을 그리는 것과 같은 것. ③일체종지一切種智: 일체만법의 별상別相을 낱낱이

70

(5) 여래를 우러러 한결같이 엎드려 믿을 것을 밝힘

為治如是兩關疑難　故立無等無倫最上勝智　欲明如
위 치 여 시 양 관 의 난　고 립 무 등 무 륜 최 상 승 지　욕 명 여

是大圓鏡智 超過三智 而無等類 二諦之外 獨在無二
시 대 원 경 지 초 과 삼 지 이 무 등 류 이 제 지 외 독 재 무 이

兩關之表 超然無關[87] 只應仰信 不可比量 故名最上
양 관 지 표 초 연 무 관　지 응 앙 신 불 가 비 량 고 명 최 상

勝智
승 지

이와 같이 두 갈래로 논란하여 의심하는 것을 다스리려는 까닭에
무등무륜최상승지無等無倫最上勝智를 세워, 대원경지大圓鏡智는
앞의 삼지(三智: 성소작지·묘관찰지·평등성지)를 뛰어넘어 그들
부류와 비교할 수 없고, 이제(二諦: 진제·속제)의 밖에 홀로 있어
짝할 것이 없으며, 두 관문(두 갈래로 논란하여 의심하는 것)의
밖에 있어 막힘이 없이 초연한 것이어서 다만 마땅히 우러러
믿을 뿐이요 비교하여 헤아릴(比量)[88] 수가 없음을 밝히고자 한

정밀하게 아는 지혜, 곧 불지佛智를 말한다.

87 대정장과 속장경에는 關이 開로 되어 있다.

88 비량比量: 삼량(三量: ①현량現量·②비량比量·③불언량佛言量)의 하나. 진비
량眞比量이라고도 한다. 우리가 이미 아는 사실을 가지고 비교해서 아직
알지 못하는 사실을 추측해 아는 것. 예를 들면 연기가 피어오르는 것을
보고 그 아래에는 불이 있는 줄을 미루어 아는 것 따위. 여기서는 머리로
헤아려 계탁計度하는 것을 말한다.

것이다. 이 때문에 최상승지最上勝智라고 부른다.

云何於此起仰信者 譬如世界無邊 不出虛空之外 如
운 하 어 차 기 앙 신 자 비 여 세 계 무 변 불 출 허 공 지 외 여

是萬境無限 咸入一心之內 佛智離相 皈一心原 智與
시 만 경 무 한 함 입 일 심 지 내 불 지 리 상 귀 일 심 원 지 여

一心 渾同無二 以始覺者即同本覺 故無萬境出於智
일 심 혼 동 무 이 이 시 각 자 즉 동 본 각 고 무 만 경 출 어 지

外 由是道理 無境不盡 而非有限 以無邊智照無邊境
외 유 시 도 리 무 경 부 진 이 비 유 한 이 무 변 지 조 무 변 경

이에 대해 어떻게 우러러 믿는 마음(仰信)을 일으킬 것인가?
비유하자면 세계가 끝이 없으나 허공의 밖을 벗어나지 못하는
것과 같이, 온갖 경계가 무한하지만 일심一心 안에 모두 들어간다.
부처님의 지혜는 상相을 여의고 일심의 근원으로 돌아가나니,
지혜와 일심은 혼연히 같아 둘이 없다. 또한 시각始覺[89]이란 곧
본각本覺[90]과 같기 때문에 온갖 경계가 부처님 지혜의 바깥을 벗어

---

89 시각始覺: 『대승기신론』에 의하면 일체 유정有情과 비정非情에 통하여
   그 자성自性의 본체로서 갖추어 있는 여래장진여如來藏眞如인 본각本覺에
   대하여, 그 본각이 수행의 공능을 빌려 증득한 깨달음을 시각始覺이라고
   한다. 예를 들면 땅속에 묻힌 금덩이를 본각이라고 한다면, 노력(수행의
   공능)을 가하여 파낸 금덩이는 시각이 되나, 그 자체는 처음과 끝이 모두
   다 똑같은 금덩이이다. 따라서 시각과 본각은 같다고 한 것이다.
90 본각本覺: 근본각根本覺의 체성體性을 말한다. 곧 우주 법계의 근본이 되는
   본체의 진여眞如인 이체理體를 말한다.

나지 않는다. 이러한 도리로 말미암아 경계가 다하지 않음이 없지만 유한한 것도 아니다. 왜냐하면 끝이 없는 지혜로써 끝이 없는 경계를 비추기 때문이다.

故如起信論云 一切境界 本來一心 離於想念 以眾生
고 여 기 신 론 운 일 체 경 계 본 래 일 심 이 어 상 념 이 중 생

妄見境界 故心有分齊 以妄起想念 不稱法性 故不能
망 견 경 계 고 심 유 분 제 이 망 기 상 념 불 칭 법 성 고 불 능

了 諸佛如來離於見相 無所不偏 心真實故 則是諸法
료 제 불 여 래 이 어 견 상 무 소 불 변 심 진 실 고 즉 시 제 법

之性 自體顯照一切妄法 有大智用 無量方便 隨諸眾
지 성 자 체 현 조 일 체 망 법 유 대 지 용 무 량 방 편 수 제 중

生所應得解 悉能開示一切法義 是故得名一切種智
생 소 응 득 해 실 능 개 시 일 체 법 의 시 고 득 명 일 체 종 지

是為無等無倫最上勝智 無所見故 無所不見 如是對
시 위 무 등 무 륜 최 상 승 지 무 소 견 고 무 소 불 견 여 시 대

治第四疑也
치 제 사 의 야

『기신론』에서 "일체 경계는 본래 일심一心으로 상념(想念: 망상·망념)에서 벗어났지만 중생이 망령되게 경계를 보기 때문에 마음에 분제(分齊: 구분, 제한)가 있다. 망령되게 상념을 일으켜 법성法性에 합치하지 못하기에 분명하게 깨닫지 못하지만, 제불여래께서는 견상見相[91]에서 벗어나서 두루하지 않는 바가 없으시다. 마음

---

91 견상見相: 내견상能見相의 준말. 상주부동常住不動하는 진여가 불각不覺

이 진실하기 때문이니, 이것이 바로 모든 법法의 성품이다. 그리고 그 자체가 일체의 망령된 법을 밝게 비추며, 대지혜의 작용과 무량한 방편으로 모든 중생이 마땅히 이해할 수 있는 바에 따라 모두에게 일체법一切法의 뜻을 열어서 보여주신다. 그러므로 이름을 일체종지一切種智라고 한 것이다"라고 말한 것과 같다. 이것이 무등무류최상승지가 된다. 보는 바가 없기 때문에 보지 못하는 것도 없는 것이다. 이와 같이 네 번째 의심을 대치하는 것이다.

若不得意 如言取義 有邊無邊 皆不離過 且依非有邊
약 부 득 의　여 언 취 의　유 변 무 변　개 불 리 과　차 의 비 유 변

門 假說無邊義耳 若人不決如是四疑 雖生彼國 而在
문　가 설 무 변 의 이　약 인 불 결 여 시 사 의　수 생 피 국　이 재

邊地如其有人 雖未明解如前列[92] 四智之境界略而能
변 지 여 기 유 인　수 미 명 해 여 전 열　사 지 지 경 계 략 이 능

自謙 心眼未開 仰推如來 一向伏信 如是等人隨其行
자 겸　심 안 미 개　앙 추 여 래　일 향 복 신　여 시 등 인 수 기 행

品 往生彼土 不在邊地 生彼邊地者 別是一類 非九品
품　왕 생 피 토　부 재 변 지　생 피 변 지 자　별 시 일 류　비 구 품

攝 是故不應妄生疑惑
섭　시 고 불 응 망 생 의 혹

무명無明을 일으키는 동시에 흔들리는 모양을 드러내고, 다시 주관적으로 반연하는 보는 작용과 객관적으로 반연할 경계를 내는데, 그 반연하여 보는 작용을 견상이라 한다. 곧 망념으로 보는 것.

92 속장경에는 列이 所說로 되어 있다.

만약 뜻을 얻지(得意) 못하고 말에서 뜻을 취하여 끝이 있느니 끝이 없느니(有邊無邊) 한다면 모두 허물을 벗어날 수 없다. 또한 끝이 있지 않다는 치우친 문에 의지하여 끝이 없다는 뜻을 가설했을 뿐이다. 만약 이와 같은 네 가지 의심을 해결하지 못한다면 비록 저 나라(극락세계)에 왕생한다고 하더라도 변지邊地[93]에 있게 된다.

그러나 만약 어떤 사람이 비록 앞에서 말한 것과 같은 사지四智의 경계를 분명히 알지 못한다 하더라도 스스로 겸손할 수 있으며, 심안(心眼: 마음의 눈)이 열리지 못했더라도 여래를 우러러 한결같이 엎드려 믿으면(仰惟如來 一向伏信) 이러한 사람들은 그가 수행한 품품品品에 따라서 저 극락에 왕생하여 변지에 있지 않게 된다. 저 변지에 나는 자는 별다른 한 부류로서 구품九品에는 포섭되지 않는다. 이런 까닭에 마땅히 망령된 의혹을 내서는 안 된다.

3) 극락에서 화생과 태생의 구별

後明生彼化胎優劣者　如無量壽經說　爾時佛告阿難
후 명 생 피 화 태 우 열 자　여 무 량 수 경 설　이 시 불 고 아 난

及慈氏菩薩　汝見彼國　從地已上至淨居天　其中所有
급 자 씨 보 살　여 견 피 국　종 지 이 상 지 정 거 천　기 중 소 유

---

93 변지邊地:『무량수경』에 의하면 아미타불과 정토왕생에 대해 의심을 품은 사람이 왕생하게 되면 극락의 변두리 지역인 변지에 있는 칠보궁전에 태어나게 된다고 한다.

微妙嚴淨自然之物 為悉見不 阿難對曰 唯然 已見 汝
미묘엄정자연지물 위실견부 아난대왈 유연 이견 여

寧復聞無量壽佛 大音宣布 一切世界化眾生不 阿難
녕부문무량수불 대음선포 일체세계화중생부 아난

對曰 唯然已聞 彼國人民乘百千由旬七寶宮殿 無所
대왈 유연이문 피국인민승백천유순칠보궁전 무소

障礙 徧至十方供養諸佛 汝復見不 對曰 已見 彼國人
장애 변지시방공양제불 여부견부 대왈 이견 피국인

民有胎生者 汝復見不 對曰 已見 其胎生者所處宮殿
민유태생자 여부견부 대왈 이견 기태생자소처궁전

或百由旬 或五百由旬 各於其中受諸快樂 如忉利天
혹백유순 혹오백유순 각어기중수제쾌락 여도리천

上 亦皆自然
상 역개자연

다음으로는 저 극락에 왕생함에 있어 화생化生과 태생胎生의 우열을 밝힌다. 『무량수경』에서 말씀하신 것과 같다.[94]

그때에 부처님께서 아난과 자씨보살[95]에게 말씀하셨다.

---

94 이하의 긴 인용문은 『무량수경』의 원문을 그대로 인용한 대목이다.

95 자씨보살慈氏菩薩: 미륵보살을 말한다. 자씨는 성씨를 말하고 이름은 아일다 阿逸多이다. 무승無勝·막승無勝이라고도 번역. 인도 바라나국의 바라문 가문에서 태어나 석존의 교화를 받고 미래에 성불하리라는 수기授記를 받았으며, 현재는 도솔천 내원궁에 있으면서 하늘사람들을 교화하고 있다. 부처님이 열반하신 후 56억 7천만 년을 지나 다시 이 사바세계에 출현하여 화림원華林園 속의 용화수龍華樹 아래서 성도成道하여 중생을 제도한다.

"너희들은 저 나라가 땅에서부터 정거천[96]에 이르기까지 그 가운데에 있는 미묘하고 장엄 청정한 자연의 물건들을 모두 보았느냐?"

아난이 대답하여 아뢰기를 "예 그러하옵니다. 이미 보았습니다."

부처님이 말씀하시되 "너는 정녕코 다시 무량수불[97]께서 큰소리로 일체 세계의 중생들을 교화하기 위하여 법문을 선포하시는 것을 들었느냐?"

아난이 대답하여 이르기를 "그러하옵니다. 이미 들었습니다."

부처님이 말씀하시기를 "저 나라에 인민들이 백천 유순의 칠보 궁전을 타고 살면서 장애되는 바 없이 두루 시방의 모든 부처님께 공양하는 것을 너는 보았느냐?"

아난이 대답하여 이르기를 "이미 보았습니다."

그때에 삼회三會의 설법으로 석존釋尊의 교화 때에 빠진 나머지 모든 중생을 다 제도하는데 이 법회를 용화삼회龍華三會라고 한다. 보처보살補處菩薩, 또는 당래보살當來菩薩이라고도 한다.

96 정거천淨居天: 색계色界의 제사선천第四禪天. 불환과不還果를 증득한 성인이 나는 하늘세계. 여기에는 무번천無煩天·무열천無熱天·선리천善理天·선견천善見天·색구경천色究竟天의 다섯 하늘이 있다.

97 무량수불無量壽佛: 아미타불의 다른 명호. 과거세에 세자재왕불世自在王佛의 감화를 받은 법장비구法藏比丘가 210억의 많은 국토에서 가장 훌륭한 나라를 택하여 이상국을 건설하기로 발원(48대원大願)하여 5겁 동안의 사유와 조재영겁(兆載永劫: 지극히 오랜 세월) 동안의 수행을 닦아 극락세계를 세우셨다. 이처럼 무량수불은 모든 중생이 극락에 왕생하여 끝내 성불하기를 발원하시고, 이를 10겁 전에 이미 성취하신 부처님이다.

"저 나라 인민으로 태생胎生인 자가 있는 것을 너는 보았느냐?"

아난이 대답하여 이르기를 "이미 보았습니다."

"그 태생인 자가 살고 있는 궁전은 백 유순이나 또는 오백 유순이나 되는데, 각기 그 속에서 모든 쾌락을 받는 것이 도리천[98]과 같으며 또한 모두 자연스러우니라."

爾時慈氏菩薩白言 世尊 何因何緣 彼國人民胎生化
이 시 자 씨 보 살 백 언 세 존 하 인 하 연 피 국 인 민 태 생 화

生 佛告慈氏 若有眾生以疑惑心 修諸功德願生彼國
생 불 고 자 씨 약 유 중 생 이 의 혹 심 수 제 공 덕 원 생 피 국

不了佛智 不思議智 不可稱智 大乘廣智 無等無倫最
불 료 불 지 부 사 의 지 불 가 칭 지 대 승 광 지 무 등 무 륜 최

上勝智 於此諸智疑惑不信 然猶信罪福 修習善本 願
상 승 지 어 차 제 지 의 혹 불 신 연 유 신 죄 복 수 습 선 본 원

生其國 此諸眾生 生彼宮殿 壽五百歲 常不見佛 不聞
생 기 국 차 제 중 생 생 피 궁 전 수 오 백 세 상 불 견 불 불 문

經法 不見菩薩聲聞聖眾 是故於彼國土謂之胎生
경 법 불 견 보 살 성 문 성 중 시 고 어 피 국 토 위 지 태 생

---

98 도리천忉利天: 범어 Trāyastrimsa의 역어. 욕계육천欲界六天의 제이천第二天. 33천天이라고도 한다. 남섬부주의 위에 육만 유순이나 되는 수미산 꼭대기에 있다. 중간에 선견성善見城이라는 4면이 팔만 유순씩 되는 큰 성이 있고, 이 성 안에 제석천帝釋天이 있다. 사방에는 각각 여덟 성이 있는데, 거기는 천인의 권속들이 살고 있다. 사방 여덟 성인 32성에 선견성을 더하여 33이 된다. 이 하늘의 하룻밤 하루 낮은 인간세의 백 년이 된다. 수명은 일천 세歲이다. 처음 태어났을 때에는 인간의 6세 되는 아이와 같으며, 빛과 같이 원만하고 저절로 의복이 입혀진다고 한다.

그때 자씨보살이 부처님께 여쭈었다.

"세존이시여, 무슨 인因과 무슨 연緣으로 저 나라 인민들이 태생이나 화생하게 되는 것입니까?"

부처님께서 자씨보살에게 말씀하시기를

"만약 어떤 중생이 의혹심을 가진 채 모든 공덕을 닦아 저 나라에 왕생하기를 원하거나, 또는 부처님의 지혜인 불사의지와 무등무륜최상승지를 요달하지 못했거나, 이 모든 지혜에 대하여 의혹을 품고 믿지 않으면서도 오직 죄와 복을 믿고 착한 근본을 수습하여 그 나라에 왕생하기를 원하면, 이 모든 중생은 저 극락의 궁전에 태어나서 수명이 오백 세 동안 항상 부처님을 뵙지 못하고 경에서 설하는 법을 듣지 못하고 보살과 성문 등의 성중聖衆도 만나보지 못하나니, 이러한 까닭에 저 국토에서의 태생이라고 말하는 것이다."

若有眾生 明信佛智 乃至勝智 作諸功德 信心迴向 此
약유중생 명신불지 내지승지 작제공덕 신심회향 차

諸眾生 於七寶華中自然化生 跏趺而坐 須臾之頃 身
제중생 어칠보화중자연화생 가부이좌 수유지경 신

相光明 智慧功德 如諸菩薩 具足成就 復次慈氏 他方
상광명 지혜공덕 여제보살 구족성취 부차자씨 타방

佛國諸大菩薩 發心欲見無量壽佛 恭敬供養 及諸菩
불국제대보살 발심욕견무량수불 공경공양 급제보

薩聲聞之眾 彼菩薩等 命終得生無量壽國 於七寶華
살성문지중 피보살등 명종득생무량수국 어칠보화

中自然化生 彌勒當知 彼化生者 智慧勝故 其胎生者
중 자 연 화 생　미 륵 당 지　피 화 생 자　지 혜 승 고　기 태 생 자

皆無智慧 於五百歲中 常不見佛 不聞經法 不見菩薩
개 무 지 혜　어 오 백 세 중　상 불 견 불　불 문 경 법　불 견 보 살

諸聲聞眾 無由供養於佛 不知菩薩法式 不得修習功
제 성 문 중　무 유 공 양 어 불　부 지 보 살 법 식　부 득 수 습 공

德 當知此人宿世之時 無有智慧 疑惑所致
덕　당 지 차 인 숙 세 지 시　무 유 지 혜　의 혹 소 치

"만약 어떤 중생이 부처님의 지혜와 나아가 무등무륜최상승지

를 분명히 믿고 모든 공덕을 닦아서 신심信心으로 회향[99]하면 이

모든 중생은 칠보화[100] 속에 자연히 화생하여 가부좌의 자세로

---

99 회향廻向: 회전취향廻轉趣向의 뜻. 자기가 닦은 선근공덕을 다른 중생이나
또는 자신의 불과佛果에 돌려 취향하는 것. 『대승의장大勝義章』에는 세
가지 회향(三種廻向)을 말한다. ①중생회향衆生廻向: 자기가 지은 선근공덕
을 다른 중생에게 회향하여 공덕과 이익을 그들에게 되돌려주려고 하는
것이니, 불보살의 회향과 세속에서 영가靈駕를 천도하기 위해서 제사를
지내고 독경하는 것을 말한다. ②보리회향菩提廻向: 자기가 지은 온갖
종류의 선근을 회향하여 보리의 과덕果德을 얻으려고 구하는 것. ③실제회
향實際廻向: 자기가 닦은 선근공덕으로 무위적정無爲寂靜한 열반을 구하는
것을 말한다. 또한 왕생회향往生廻向과 환생회향還生廻向이 있다. 왕생회향
은 자기가 지은 과거와 금생의 선근공덕을 중생에게 베풀어서 함께 정토에
왕생하기를 원하는 것. 환생회향은 정토에 왕생한 뒤에 다시 대비심을
일으켜 이 사바세계에 돌아와서 중생을 교화하여 정토에 왕생하도록 하여
함께 불도에 들고자 하는 것이다.

100 칠보화七寶華: 칠보로 된 연꽃. 칠보는 7가지의 보옥寶玉인 금, 은, 유리,

앉아서 잠깐 동안에 몸의 광명과 지혜의 공덕이 모든 보살과 같이 성취하여 갖추게 되느니라.

또한 자씨여! 다른 부처님 나라의 모든 대보살들이 발심하여 무량수불을 뵙고자 공경하고 공양하고 또한 모든 보살과 성문의 무리들에게도 공경하고 공양하면, 저 보살들은 목숨을 마치고는 무량수의 나라에 왕생하여 칠보화 속에서 자연히 화생하게 되느니라.

미륵이여! 마땅히 알아라. 저곳에 화생하는 사람은 지혜가 뛰어나기 때문이요, 태생인 사람은 모두 지혜가 없기 때문에 5백 세 동안 항상 부처님을 뵙지 못하고 경의 법문도 듣지 못하며 보살과 모든 성문의 무리들도 보지 못한다. 이러한 사람은 부처님께 공양을 올리지 않았고 보살의 법식法式도 알지 못하고 공덕을 수습하지 않았던 것이다. 마땅히 알라! 이러한 사람들은 숙세宿世의 시절에 지혜가 없었고 의혹을 가졌기 때문이니라."

佛語彌勒 譬如轉輪聖王 有七寶牢獄 種種莊嚴 張設
불 어 미 륵 비 여 전 륜 성 왕 유 칠 보 뇌 옥 종 종 장 엄 장 설

床[101]帳懸諸繒[102]幡 若有諸小王子 得罪於王 輒內彼宮
상   장 현 제 증   번 약 유 제 소 왕 자 득 죄 어 왕 첩 내 피 궁

파려(玻瓈: 정수), 자거(硨磲: 백산호), 赤珠(적주: 적진주), 마노(碼碯: 짙은 녹색의 보옥)를 말한다. 이것은 『아미타경』에 있는 칠보이며, 『법화경』 「보탑품寶塔品」에서는 파려 대신 민괴玫瑰를 넣었다.

101 한불전에는 牀으로 되어 있으나, 대정장본과 『무량수경』 원문에 의거하여

中 繫以金鎖 供養飲食 衣服牀褥 華香伎 ¹⁰³ 樂 如轉輪
중 계이금쇄 공양음식 의복상욕 화향기 　악 여전륜

王 無所乏少 於意云何 此諸王子 寧樂彼處不 對曰
왕 무소핍소 어의운하 차제왕자 영락피처부 대왈

不也 但種種方便 求諸大力 欲自免出
불야 단종종방편 구제대력 욕자면출

　　부처님께서 미륵보살에게 말씀하셨다. "비유컨대 전륜성왕¹⁰⁴
에게 칠보로 된 감옥이 있어 가지가지로 장엄을 하여 침상과
장막을 펴놓고 여러 가지 비단으로 만든 깃발을 걸어 놓았는데,
만약 여러 작은 왕자들이 왕에게 죄를 지으면 저 궁중에 가두어
금으로 만든 자물쇠를 채워놓고 음식과 평상과 이불과 꽃과 향과
기악을 공양하여 전륜왕과 같이 하여 모자람이 없게 하는 것과
같으니라. 네 생각에는 어떻겠느냐? 이 왕자들이 그곳을 편하고
즐겁게 여기겠느냐?"

　　床으로 고쳤다.

102 한불전에는 그림 繪자로 되어 있으나, 대정장본과 『무량수경』 원문에
　　의거하여 비단 繒으로 고쳤다.

103 대정장과 속장경에는 伎가 妓로 되어 있다.

104 전륜성왕轉輪聖王: 범어 Cakrā-Vartirāja의 역. 차가월라遮加越羅라고 음역.
　　전륜성제轉輪聖帝·전륜왕이라고도 하며, 줄여서 그냥 윤왕輪王이라고도
　　한다. 수미산의 사방에 있는 네 개의 대주(大洲: ①남섬부주 ②동승신주
　　③서우화주 ④북구로주)를 통솔하는 대왕. 이 왕은 몸에 32상을 갖추고
　　즉위할 때는 하늘로부터 윤보輪寶를 감득感得하고, 이 윤보를 굴리면서
　　사방의 주洲를 위엄 있게 다스려 굴복케 하므로 이렇게 부른다.

미륵이 대답하여 아뢰기를 "아닙니다. 다만 갖가지 방편과 모든
큰 힘을 구하여 스스로 벗어나고자 할 것입니다."

佛告彌勒 此諸眾生亦復如是 以疑惑佛智故 生彼七
불고미륵 차제중생역부여시 이의혹불지고 생피칠

寶胎生宮殿 無有刑罰 乃至一念惡事 但於五百歲中
보태생궁전 무유형벌 내지일념악사 단어오백세중

不見三寶 不得供養 修諸善本 以此為苦 雖有餘樂 猶
불견삼보 부득공양 수제선본 이차위고 수유여락 유

不樂彼處 若此眾生識其本罪 深自悔責 求離彼處 即
불락피처 약차중생식기본죄 심자회책 구리피처 즉

得如意往詣無量壽佛所 恭敬供養 亦得徧至無量無
득여의왕예무량수불소 공경공양 역득변지무량무

數諸餘佛所 修諸功德 彌勒當知 其有菩薩生疑惑者
수제여불소 수제공덕 미륵당지 기유보살생의혹자

為失大利 是故應當明信諸佛無上智慧 如來真言 無
위실대리 시고응당명신제불무상지혜 여래진언 무

合致怪 後悔難追 可不慎哉
합치괴 후회난추 가불신재

부처님께서 미륵에게 말씀하셨다. "이 모든 중생들도 또한 이와
같나니, 부처님의 지혜를 의심했기 때문에 저 칠보로 된 태생의
궁전에 태어나서 형벌도 받지 않고 또는 한 생각도 악한 일도
없지만, 다만 5백 세 동안 삼보三寶를 뵙지 못하고 공양도 드릴
수도 없고 모든 착한 일도 닦지 못한다. 이것을 괴로움으로 여기기

때문에 비록 다른 즐거움이 있더라도 오히려 그곳을 즐겁게 여기지 아니한다. 만약 이러한 중생이 그 본래의 죄를 알고 스스로 깊이 뉘우치고 스스로 참회하여 그곳을 여의기를 희구한다면 즉시 뜻과 같이 되어 즉시 무량수불의 처소로 나아가 공경스럽게 공양을 드릴 수 있으며, 또한 무량무수한 모든 나머지 부처님 처소에도 두루 가게 되어 모든 공덕을 닦을 수 있다. 미륵이여! 마땅히 알아라. 그 어떤 보살이라 하더라도 의혹하는 생각을 내는 자는 큰 이익을 잃을 것이다. 이러한 까닭에 마땅히 모든 부처님의 무상無上의 지혜를 분명히 믿어야 하느니라."[105]

여래의 참된 말씀은 이치에 합당하여 괴이하게 여길 것이 없다. 나중에 후회한들 따르기가 어렵나니, 가히 삼가지 않을 수 있겠는가!

---

[105] 여기까지가 『무량수경』의 인용이다.

4. 왕생의 인연을 드러냄

1) 왕생의 원인은 오직 아미타불의 본원력

第四顯往生因緣者　凡諸所說往生之因　非直能感正
제 사 현 왕 생 인 연 자　범 제 소 설 왕 생 지 인　비 직 능 감 정

報莊嚴 亦得感其依報淨土 但承如來本願力故 隨感
보 장 엄　역 득 감 기 의 보 정 토　단 승 여 래 본 원 력 고　수 감

受用 非自業因力之所成辦 是故說名為往生因 此因
수 용　비 자 업 인 력 지 소 성 판　시 고 설 명 위 왕 생 인　차 인

之相 經論不少[106] 若依觀經 說十六觀 往生論中 說五
지 상　경 론 불 소　　약 의 관 경　설 십 륙 관　왕 생 론 중　설 오

門行 今依此無量壽經 說三輩因
문 행　금 의 차 무 량 수 경　설 삼 배 인

---

[106] 속장경에는 少자가 同으로 되어 있다. 이 경우에는 '적지 않다'가 '같지
　　않다'로 해석된다.

네 번째는 왕생의 인연을 드러내는 것이다.

대개 일반적으로 말하는 왕생의 인因은 정보[107]의 장엄을 감득할 수 있을 뿐 아니라 또한 그 의보[108]인 정토도 감득할 수 있다. 오직 여래의 본원력[109]을 이어받기 때문에 (아미타불의) 감응에 따라서 수용되는 것이지 자기 업인의 힘으로 성취되고 결정되는 것이 아니다. 이런 까닭에 왕생인往生因이라고 부른다.

이 왕생인의 모습(相)은 경론에 적잖게 나와 있다. 『관경觀經』(관무량수경)에 의하면 십육관十六觀[110]을 설하였고, 『왕생론』

---

107 정보正報: 과거에 지은 업인業因으로 인해 금생에 자기가 받는 과보로서의 몸과 마음. 곧 부처님이나 중생의 몸과 마음을 말한다.

108 의보依報: 중생들의 심신에 따라 존재하게 되는 국토나 가옥이나 의복·직물 등의 환경을 말한다.

109 본원력本願力: 아미타불께서 부처가 되시기 전 법장비구였을 때, 시방세계의 중생을 구제하기 위해 극락정토를 세우겠다는 48가지 대원력을 세우시고, 염불하는 사람은 모두 아미타불의 원력에 의해 극락에 왕생할 수 있도록 발원하셨는데, 이를 아미타불의 본원력이라 한다. 48대원 중 특히 제18원에 본원력이 잘 나타나 있으니 다음과 같다. "제가 부처가 될 적에 시방세계 중생이 지극한 마음으로 즐겨 믿으며 나의 나라에 왕생하고자 원하여 내지 열 번만 염불했는데, 만약 왕생하지 못한다면 부처가 되지 않겠습니다. 다만 오역죄과 정법을 비방한 자는 제외합니다(設我得佛 十方 衆生 至心信樂 欲生我國 乃至十念 若不生者 不取正覺 唯除五逆 誹謗正法)."

110 십육관十六觀: 『관무량수경』에서 석가모니불이 위제희와 말세 중생을 위하여 아미타불의 의보와 정보, 곧 아미타불·관세음보살·대세지보살 등의 정보 장엄과 극락세계의 수승한 의보를 관찰하는 방법을 열여섯 가지로 설한 관법. ①일상관日想觀: 서편에 지는 해를 관하는 것. ②수상관

가운데서는 오문행五門行[111]을 설하였다. 지금 여기에서는 『무량수경』에 의거하여 삼배의 인因[112]을 설할 것이다.

水想觀: 극락의 물과 얼음을 관하는 것. ③지상관地想觀: 극락의 땅을 관하는 것. ④보수관寶樹觀: 극락의 보배나무를 관하는 것. ⑤팔공덕수관 八功德水觀: 극락의 팔공덕수를 관하 것. ⑥보루관寶樓觀: 극락의 오백억 보루각을 관하는 것. ⑦화좌관華坐觀: 극락의 부처님 연화대蓮花臺를 관하는 것. ⑧상관像觀: 금색 불상을 관하는 것, ⑨진신관眞身觀: 아미타불의 진신을 관하는 것. ⑩관음관觀音觀: 관세음보살을 관하는 것. ⑪세지관勢 至觀: 대세지보살을 관하는 것. ⑫보관普觀: 극락의 부처님과 보살의 국토를 두루 관하는 것. ⑬잡상관雜想觀: 일장一丈 6척의 아미타불 상을 관하는 것. ⑭상배관上輩觀: 극락왕생함에 있어 상품을 관하는 것, ⑮중배 관中輩觀: 중품을 관하는 것. ⑯하배관下輩觀: 하품을 관하는 것.

111 오문행五門行: 세친보살이 『왕생론往生論』에서 설한, 정토에 왕생하는 다섯 가지 염불 방법인 오념문五念門을 말한다. ①예배(禮拜: 몸으로 아미타불께 예배함), ②찬탄(讚歎: 입으로 아미타불의 명호를 부름), ③작원(作願: 일심전념으로 극락왕생을 발원함), ④관찰(觀察: 지혜로 극락의 정보와 의보를 관찰함), ⑤회향(廻向: 일체중생의 구제를 위해 회향함)을 말한다.

112 삼배인三輩因: 『무량수경』에는 극락에 왕생하는 세 무리의 품계를 나누었는데, 이를 삼배(세 품계의 무리)라 한다. 삼배인은 수행자의 근기와 수행의 우열을 기준으로 하여 삼배에 왕생하는 원인을 세 가지로 나눈 것. 즉 상배上輩의 인因과 중배中輩의 인과 하배下輩의 인이 그것이다.

2) 삼배 왕생인

(1) 상배

上輩之中 說有五句 一者捨家棄欲而作沙門 此顯發[113]
상배지중 설유오구 일자사가기욕이작사문 차현발

起正因方便 二者發菩提心 是明正因 三者專念彼佛
기정인방편 이자발보리심 시명정인 삼자전념피불

是明修觀 四者作諸功德 是明起行 此觀及行即為助
시명수관 사자작제공덕 시명기행 차관급행즉위조

業 五者願生彼國 此一是願 前四是行 行願和合乃得
업 오자원생피국 차일시원 전사시행 행원화합내득

生故
생고

상배上輩 가운데는 다섯 가지를 말하고 있다.

첫째는 집을 버리고 욕심을 포기하고 사문[114]이 되는 것인데, 이는 정인(正因: 바른 인연)을 일으키는 방편을 나타내는 것이다.

둘째는 보리심菩提心을 발하는 것으로, 이는 정인을 밝히는 것이

---

113 대정장에는 發자가 返으로 되어 있다.

114 사문沙門: 범어 Śramaṇa의 음역. 식심息心·공덕功德·근식勤息이라고 역. 부지런히 모든 좋은 일을 닦고 나쁜 일을 일으키지 않는 수행자의 통칭. 외도外道와 불교인을 막론하고 처자와 권속과 세속의 일을 버리고 수도생활을 하는 모든 사람들을 말한다. 후세에는 그 뜻이 좁아져 오직 불가에서 출가한 스님들만을 말하게 되었다.

다. 셋째는 오로지 저 부처님(아미타불)을 염송하는 것이니, 이는
관觀을 닦음을 밝히는 것이다. 넷째는 모든 공덕을 짓는 것이니,
이는 수행을 일으킴(起行)을 밝히는 것이다. 앞서 말한 관觀과
행行[115]은 곧 조업(助業: 왕생을 돕는 업)이 된다. 다섯째는 저 나라에
왕생하기를 원하는 것이다. 이 한 가지는 원願이고, 앞의 네 가지는
행이다. 행과 원이 서로 화합하면 바로 왕생할 수 있기 때문이다.

(2) 중배

中輩之中[116] 說有四句 一者雖不能作沙門 當發無上菩
중 배 지 중　　說有四句 일 자 수 불 능 작 사 문 당 발 무 상 보

提心故 是明正因 二者[117] 專念彼佛 三者多少修善
리 심 고　시 명 정 인　이 자　　전 념 피 불　삼 자 다 소 수 선

此觀及行爲助滿業 四者 願生彼國 前行此願 和合爲
차 관 급 행 위 조 만 업 사 자　원 생 피 국　전 행 차 원　화 합 위

因也
인 야

115　관觀은 범어 위빠사나Vipaśyana의 의역. 비발사나毘鉢舍那라고 음역한다.
　　선정에 들어서 지혜로써 경계를 자세히 식별하고 요지了知하는 것. 행行은
　　관觀에 의하여 갖추어진 식별과 요지로 수행해 닦아 나아가는 것을 말한다.
116　한불전과 대정장에는 中자가 없으나 속장경에 의거하여 첨부하였다.
117　한불전과 대정장에는 二者 다음에 "專念彼佛 三者多少修善 此觀及行爲助
　　滿業 四者"란 문장이 없고 속장경에만 이 구절이 있다. 문맥상 속장경의
　　문장을 본문에 포함시켰다.

90

중배中輩 가운데는 네 가지를 말하고 있다.

첫째는 비록 사문은 되지 못한다 하더라도 마땅히 위없는 보리심을 발해야 한다. 그러므로 이는 정인正因을 밝힌 것이다. 둘째는 오로지 저 부처님을 염하는 것이다. 셋째는 다소나마 선善을 닦는 것이다. 이 관觀과 행行은 (극락왕생을) 돕는 만업(滿業: 원만한 업)이 된다. 넷째는 저 나라에 왕생하기를 원하는 것이다. 앞의 행들과 이 원願이 화합하여 왕생의 인이 된다.

(3) 하배

下輩之內 說有二種人 二人之中 各有三句 初人三者
하배지내 설유이종인 이인지중 각유삼구 초인삼자

一者假使不能作諸功德 當發無上菩提之心 是明正
일자가사불능작제공덕 당발무상보리지심 시명정

因 二者乃至十念 專念彼佛 是爲助業 三者願生彼國
인 이자내지십념 전념피불 시위조업 삼자원생피국

此願前行 和合爲因 是明不定種性人也 第二人中有
차원전행 화합위인 시명부정종성인야 제이인중유

三句者 一者聞甚深法 歡喜信樂 此句兼顯發心正因
삼구자 일자문심심법 환희신락 차구겸현발심정인

但爲異前人 擧深信耳 二者乃至一念念
단위이전인 거심신이 이자내지일념념

於彼佛 是爲助因 前人無深信 故必須十念 此人有深
어피불 시위조인 전인무심신 고필수십념 차인유심

信 故未必具足十念 三者以至誠心願生彼國 此願前
신 고미필구족십념 삼자이지성심원생피국 차원전

行 和合為因 此就菩薩種性人也 經說如是
행 화합위인 차취보살종성인야 경설여시

하배下輩 안에는 두 종류의 사람이 있다고 말한다. 이 두 종류 사람 가운데도 각각 세 가지 구가 있다.

처음의 사람에게 세 가지가 있는데, 첫째는 가령 모든 공덕을 짓지는 못하더라도 마땅히 위없는 보리심을 발해야 할 것이니, 이는 정인正因을 밝힌 것이다. 둘째는 내지 십념十念으로 오로지 저 부처님을 염하는 것이니, 이는 조업助業이 된다. 셋째는 저 나라에 왕생하기를 원하는 것으로, 이 원과 앞의 행이 화합하여 왕생의 인이 되는데, 이것은 부정종성[118]의 사람을 밝힌 것이다.

둘째 종류의 사람 가운데에도 세 가지 구가 있다. 첫째는 깊고 깊은 법을 듣고 기뻐하고 즐거이 믿는 것(歡喜信樂)이다. 이 구절은 보리심을 발하는 정인正因을 겸하여 나타낸 것이나, 다만 앞의

---

[118] 부정종성不定種性: 유식종에서 중생의 성품에는 다섯 가지 종류의 근성(五性)이 있다고 보는데, ① 보살정성菩薩定性·② 연각정성緣覺定性·③ 성문정성聲聞定性·④ 삼승부정성三乘不定性·⑤ 무성유정無性有情이 그것이다. 그중에서 부정성不定性은 성문·연각·보살의 삼승종자三乘種子를 구비한 것이어서 성문이 될지, 보살이 될지 아무것도 결정되지 않은 근기를 말한다. 또는 중생의 근성을 셋으로 나눈 정정취正定聚, 사정취邪定聚, 부정취不定聚 중 부정취로 보기도 한다. 부정취는 인연이 있으면 성불로 나아갈 수 있고, 인연이 없으면 퇴보하는 근기이다.

사람(처음 종류의 사람)과 다른 것은 깊은 믿음(深信)을 더 든 것이다. 둘째는 내지 일념一念으로 저 부처님을 염하는 것인데, 이것은 (왕생의) 조인助因이 된다. 앞에서 말한 (처음 종류의) 사람은 깊은 신심이 없기 때문에 반드시 십념十念을 필요로 하지마는, 이 사람은 깊은 신심이 있기 때문에 반드시 십념을 구족할 필요는 없다. 셋째는 지극히 정성스러운 마음(至誠心)으로 저 나라에 왕생하기를 원하는 것으로, 이 원과 앞의 행이 화합하여 왕생의 인이 된다. 이것은 보살종성[119]의 사람에 대한 것이다.

경에서 말씀하신 것이 이와 같다.

3) 왕생의 정인-발보리심

今此文略辨其相 於中有二 先明正因 後明助緣 所言
금 차 문 략 변 기 상 어 중 유 이 선 명 정 인 후 명 조 연 소 언

正因 謂發無上菩提心也 即不願世間富樂 及與二乘
정 인 위 발 무 상 보 리 심 야 즉 불 원 세 간 부 락 급 여 이 승

菩提 菩薩一向志願三身菩提 名無上菩提之心
보 리 보 살 일 향 지 원 삼 신 보 리 명 무 상 보 리 지 심

이제 이 글에서 그 모습을 간략하게 분별해 보면 이 가운데에

---

119 보살종성菩薩種性: 오성五性의 하나로 보살성菩薩性이라고도 한다. 결정성 決定性인 보살을 말한다. 선천적으로 보살무루菩薩無漏의 종자를 갖추어 반드시 불과에 이르러 깨달을 수 있는 성품을 가진 자를 말한다.

둘이 있다. 먼저 정인正因을 밝히는 것이고, 나중은 조연助緣을
밝히는 것이다.

이른바 정인이란 위없는 보리심을 발하는 것을 말한다. 곧 세간
의 부귀를 원하거나 이승二乘의 보리를 원하지 않고, 보살이 한결
같은 의지로 삼신三身의 보리[120]를 원하는 것을 위없는 보리의
마음이라 부른다.

(1) 수사발심

總標雖然 於中有二 一者隨事發心 二者順理發心 言
총 표 수 연   어 중 유 이   일 자 수 사 발 심   이 자 순 리 발 심   언

隨事者 煩惱無數 欲心[121] 悉斷之 善法無量 願悉修之
수 사 자   번 뇌 무 수   욕 심   실 단 지   선 법 무 량   원 실 수 지

---

120 삼신보리三身菩提: 법신, 보신, 화신의 삼불보리三佛菩提를 말한다. 먼저
    응신(應化佛)의 보리는 현실에서 나타내 보이는 보리로서 싯다르타가 가야
    성에서 멀지 않은 보리수 아래의 금강도량에 앉아 증득한 보리를 말한다.
    둘째 보신(報佛)의 보리는 십지十地가 원만해져 영원한 열반을 얻은 보리를
    말한다. 예컨대 『법화경』 「여래수량품」에서 "나는 실제로는 이미 성불한
    지 무량무변한 겁이 되었다(我實成佛已來 無量無邊劫)"고 하신 것과 같다.
    셋째로 법신(法佛)의 보리는 여래장如來藏의 성품(性)은 본래 청정하며
    중생계가 곧 열반계인 보리를 말한다. 예컨대 경에서 "여래가 여실하게
    삼계의 모습을 보니 삼계에서 보는 삼계와 같지 않다(如來如實知見三界之相
    不如三界 見於三界)"라고 하신 것과 같다. 삼신보리는 세친보살의 『법화론
    法華論』과 천태 지자대사의 『법화현의法華玄義』 권10, 『법화문구法華文句』
    권9 등에 나온다.

眾生無邊 願悉度之 於此三事決定期願 初是如來斷
중 생 무 변　원 실 도 지　어 차 삼 사 결 정 기 원　초 시 여 래 단

德正因 次是如來智德正因 第三心者恩德正因 三德
덕 정 인　차 시 여 래 지 덕 정 인　제 삼 심 자 은 덕 정 인　삼 덕

合爲無上菩提 卽是三心 總爲無上菩提之因 因果雖
합 위 무 상 보 리　즉 시 삼 심　총 위 무 상 보 리 지 인　인 과 수

異 廣長量齊 等無所遺 無不苞故
이　광 장 량 제　등 무 소 유　무 불 포 고

전체적으로 나타내면 비록 그러하지만, 이 가운데에는 두 가지가 있다. 첫째는 사(事, 현실)를 따라 발심하는 것이요, 둘째는 이(理, 이치)를 따라 발심하는 것이다.

사事를 따른다고 말하는 것은 번뇌가 수없이 많아도 마음으로 모두 끊기를 원하고, 좋은 법(善法)이 한량없지만 이를 다 닦기를 원하며, 중생이 가없으나 이를 다 제도하기를 원하는 것이다.

이 세 가지 일을 결정코 기약하고 원하는 것이니, 첫째는 여래의 단덕斷德정인이요, 다음은 여래의 지덕智德정인이며, 셋째의 마음은 은덕恩德정인[122]이다. 이 세 가지 덕이 합해져서 위없는 보리가

---

121 속장경에는 欲心이 心願으로 되어 있다.

122 단덕정인斷德正因·지덕정인智德正因·은덕정인恩德正因: 여래가 지닌 공덕의 세 가지 바른 원인. 삼덕정인三德正因이라고 한다. 단덕정인은 번뇌를 모두 남김없이 다 끊은 덕으로 법신의 지혜를 성취하는 바른 원인이며, 지덕정인은 여래의 평등한 지혜의 덕으로 보신의 지혜를 성취하는 바른 원인이며, 은덕정인은 중생을 구제하려는 서원으로 말미암아 중생을 구하여 해탈케 하는 덕으로 화신의 지혜를 성취하는 바른 원인이다.

되나니, 이 세 가지 마음이 모두 위없는 보리의 원인이 된다. 원인과 결과(因果)가 비록 다르다고 하더라도 광대하고 장원함의 분량이 가지런하고 평등하여 빠뜨림이 없으며 포함하지 않는 것이 없기 때문이다.

如經言 發心畢竟二不別 如是二心前心難 自未得度
여 경 언 발 심 필 경 이 불 별 여 시 이 심 전 심 난 자 미 득 도

先度他是故我禮初¹²³發心 此心果報雖是菩提 而其華
선 도 타 시 고 아 례 초 발 심 차 심 과 보 수 시 보 리 이 기 화

報在於淨土 所以然者 菩提心量廣大無邊 長遠無限
보 재 어 정 토 소 이 연 자 보 리 심 량 광 대 무 변 장 원 무 한

故能感得廣大無際依報淨土 長遠無量正報壽命 除
고 능 감 득 광 대 무 제 의 보 정 토 장 원 무 량 정 보 수 명 제

菩提心無能當彼 故說此心為彼正因 是明隨事發心
보 리 심 무 능 당 피 고 설 차 심 위 피 정 인 시 명 수 사 발 심

相也
상 야

경에서 "발심(보리심을 일으키는 것)과 필경(畢竟: 불과를 이룬 究竟)의 둘은 다르지 않으나, 이와 같은 두 마음에서 앞의 마음(발심)이 어렵나니, 스스로 제도하지 못했지만 먼저 남을 먼저 제도하기 때문이라. 이런 까닭에 제가 처음 발심한 이에게 예를 올립니다"¹²⁴라고 말씀하신 것과 같다.

---

123 대정장에는 初자가 없다.

이 마음(발심)의 과보는 비록 보리이지만 그 화보華報[125]는 정토에 있다. 왜 그런가 하면 보리심의 양이 (공간적으로) 끝없이 광대하고 (시간적으로) 한없이 장구한 까닭에 능히 끝없이 광대한 의보의 정토와 한없이 장구한 정보의 수명을 감득할 수 있기 때문이다. 보리심을 제외하고는 능히 그를 당할 만한 것이 없나니, 그러므로 이 보리심이 저 정토의 정인正因이 된다고 말한 것이다. 이는 사事를 따라 발심하는 모습을 밝힌 것이다.

(2) 순리발심

所言順理發心者 信解諸法皆如幻夢 非有非無 離言
소 언 순 리 발 심 자　신 해 제 법 개 여 환 몽　비 유 비 무　이 언

絶慮 依此信解 發廣大心 雖不見有煩惱善法 而不撥
절 려　의 차 신 해　발 광 대 심　수 불 견 유 번 뇌 선 법　이 불 발

---

124 "發心畢竟二不別 如是二心先心難 自未得度先度他 是故我禮初發心." 『대반열반경』 권제38 「가섭보살품」(대정장 374, 590b)에 나오는 가섭보살의 '찬불게' 중 한 구절이다.

125 화보華報: 화보花報라고도 한다. 열매를 맺기 전에 꽃이 먼저 피는 까닭에 화보라 하고, 그 이후에 열매가 맺힌 것을 과보(果報, 또는 實報)라고 말한다. 중생이 과보를 받기 전에 먼저 받는 것을 모두 화보라 한다. 예컨대 살인하지 않는 사람은 장수하는 화보를 먼저 받게 되고 나중에는 깨달음의 과보를 받는다. 또 염불과 수선修善으로써 업의 원인을 삼으면 극락세계에 왕생하는 화보를 받게 되고 나중에 대보리를 증득하는 것은 과보가 된다. － 『불설관정경佛說灌頂經』 권12; 『대지도론大智度論』 권11; 『왕생요집往生要集』 권상(『불광대사전』, p.5233).

無可斷可修 是故雖願悉斷修 而不違於無願三昧 雖
무 가 단 가 수   시 고 수 원 실 단 수   이 불 위 어 무 원 삼 매   수

願皆度無量有情 而不存有能度所度 故能隨順於空
원 개 도 무 량 유 정   이 부 존 유 능 도 소 도   고 능 수 순 어 공

無相
무 상

  이른바 이理에 순응하여 발심한다는 것은, 모든 법이 다 허깨비
같고 꿈과 같아서 있음(有)도 아니고 없음(無)도 아니며 말도
여의고 생각도 끊었다는 것을 믿고 이해하고서, 이러한 믿음과
이해에 의하여 광대한 마음을 발하는 것이다. 비록 번뇌와 선법善
法이 있음을 보지 않지만 끊을 번뇌와 닦을 선법이 없다고 버리지
않는다. 이런 까닭에 비록 다 끊고 다 닦을 것을 서원하더라도
무원삼매無願三昧[126]를 어기지 않으며, 비록 한량없는 중생을 다
제도하기를 서원하더라도 제도하는 주체와 제도 받을 대상이

---

126 무원삼매無願三昧: 삼삼매三三昧의 하나. 삼삼매는 공삼매空三昧, 무상삼매
  無相三昧, 무원삼매無願三昧를 말한다. 공삼매는 일체법이 공함을 관하는
  삼매로 4성제의 고제苦諦에서 공空·무아無我의 두 가지 행상行相과 상응하
  는 삼매이다. 무상삼매는 일체법이 모두 상념想念이 없고, 또한 볼 수
  있는 것이 아니어서 멸제滅諦의 멸滅·정靜·묘妙·리離의 네 가지 행상과
  상응하는 삼매이다. 무원삼매는 무작無作삼매, 무기無起삼매라고도 하며,
  일체법에 대하여 원하고 구하는 바가 없어서 고제의 고·무상無常의 두
  가지 행상과 집제集諦의 인因·집集·생生·연緣의 네 가지 행상과 상응하는
  삼매이다. ─ 北本『대반열반경』권25;『대비바사론大毘婆沙論』권104;『구
  사론俱舍論』권28;『성유식론成唯識論』권8 등(『불광대사전』, p.521)

있다는 생각을 하지 않는다. 그러므로 능히 공(空: 공삼매)과 무상
(無相: 무상삼매)에 수순할 수 있는 것이다.

如經云 如是滅度無量衆生 實無衆生得滅度者 乃至
여 경 운 여시멸도무량중생 실무중생득멸도자 내지

廣說故 如是發心 不可思議 是明順理發心相也
광 설 고 여시발심 불가사의 시명순리발심상야

마치 경(『금강경』)에서 "이와 같이 무량한 중생을 멸도(滅度,
제도)하더라도 실제로는 멸도를 얻은 중생이 없다"라고 널리 말씀
하신 것과 같다. 그러므로 이와 같은 발심은 불가사의하다. 이는
이理에 수순하여 발심한 모습을 밝힌 것이다.

隨事發心有可退義 不定性人亦得能發 順理發心即無
수 사 발 심 유 가 퇴 의 부정성인역득능발 순 리 발 심 즉 무

退轉菩薩性人能乃得發 如是發心功德無邊 設使諸佛
퇴 전 보 살 성 인 능 내 득 발 여시발심공덕무변 설 사 제 불

窮劫演說 彼諸功德猶不能盡 正因之相 略說如是
궁 겁 연 설 피 제 공 덕 유 불 능 진 정 인 지 상 약 설 여 시

사事를 따른 발심은 퇴전할 가능성의 의미가 있는데, 부정성不定
性의 사람도 또한 능히 발심할 수 있다. 하지만 이理에 수순하는
발심은 곧 퇴전하는 일이 없으니, 보살성菩薩性의 사람이라야
능히 발심할 수 있다. 이와 같은 발심은 공덕이 끝이 없어서,

설사 모든 부처님께서 겁이 다하도록 연설하신다 하더라도 그 모든 공덕을 오히려 다 말씀하시지 못할 것이다. 정인正因의 모습을 대략 설명한 것이 이와 같다.

4) 왕생의 조인-하배의 십념

次明助因 助因多種 經論往往 不須委述 一一准知 今
차 명 조 인　조 인 다 종　경 론 왕 왕　불 수 위 술　일 일 준 지　금

且明其下輩十念 此經中下輩十念 一言之內 含有二
차 명 기 하 배 십 념　차 경 중 하 배 십 념　일 언 지 내　함 유 이

義 謂顯了義 及隱密義
의　위 현 요 의　급 은 밀 의

다음에는 조인(助因: 도우는 원인, 助業)을 밝힌다. 조인은 종류가 많은데, 경과 논에서도 자주 논했기 때문에 여기서 자세히 서술하지 않더라도 하나하나 미루어 알 수 있으리라 본다.

여기에서는 다만 하배下輩의 십념十念을 밝히고자 한다. 이 경에서 말하는 하배의 십념이란 한마디 말 속에는 두 가지 뜻을 포함하고 있다. 이른바 현료의 뜻(顯了義: 명료하게 드러나는 뜻)과 은밀의 뜻(隱密義: 드러나지 않고 감추어진 뜻)이 그것이다.

100

(1) 은밀한 뜻의 십념

隱密義者 此望第三對純淨土果以說 下輩十念功德
은밀의자 차망제삼대순정토과이설 하배십념공덕

此如彌勒發問經言 爾時彌勒菩薩白言 如佛所說阿
차여미륵발문경언 이시미륵보살백언 여불소설아

彌陀佛功德利益 若能十念相續 不斷念彼佛者 即得
미타불공덕이익 약능십념상속 부단염피불자 즉득

往生 當云何念 佛言 非凡夫念 非不善念 非雜結使念
왕생 당운하념 불언 비범부념 비불선념 비잡결사념

具足如是念 即得往生安樂國土
구족여시념 즉득왕생안락국토

有凡十念 何等為十 一者於一切眾生常生慈心 於一
유범십념 하등위십 일자어일체중생상생자심 어일

切眾生不毀其行 若毀其行 終不往生 二者於一切眾
체중생불훼기행 약훼기행 종불왕생 이자어일체중

生深起悲心 除殘害意 三者發護法心 不惜身命 於一
생심기비심 제잔해의 삼자발호법심 불석신명 어일

切法不生誹謗 四者於忍辱中 生決定心 五者深心清
체법불생비방 사자어인욕중 생결정심 오자심심청

淨 不貪利養 六者發一切種智心 日日常念 無有廢忘
정 불탐이양 육자발일체종지심 일일상념 무유폐망

七者於一切眾生起尊重心 除我慢意 謙下言說 八者
칠자어일체중생기존중심 제아만의 겸하언설 팔자

於世談語不生味著心 九者近於覺意 深起種種善根
어세담어불생미착심 구자근어각의 심기종종선근

因緣 遠離憒擾散亂之心 十者正念觀佛 除去諸疑
인연 원리궤요산란지심 십자정념관불 제거제의

은밀의 뜻(隱密義)이란, 이것은 제3 상대문(순·잡 상대문)에서 순정토의 과보에 견주어 하배 십념의 공덕을 말하는 것이다. 이는 『미륵발문경彌勒發問經』에서 말씀하신 것과 같다.

그때에 미륵보살이 부처님께 여쭈었다.[127]

"부처님께서 말씀하신 것과 같이 아미타불의 공덕과 이익으로 만약 십념을 계속할 수 있고, 저 부처님 염하기를 끊이지 않는다면 곧 왕생할 수 있다고 하셨는데, 마땅히 어떻게 염송하는 것입니까?"부처님께서 말씀하셨다.

"범부의 염이 아니어야 하고, 불선不善한 염이 아니어야 하며, 잡된 번뇌에 묶인 염이 아니어야 한다. 이와 같은 염을 갖추면 곧 안락국토에 왕생할 수 있다.

무릇 십념이 있으니, 무엇이 열 가지인가?

첫째는 모든 중생에게 항상 사랑하는 마음(慈心)을 내고 모든 중생의 행위를 헐뜯지 않는 것이니, 만약 그들의 행위를 헐뜯으면 마침내 왕생하지 못한다.

둘째는 모든 중생에게 깊이 가엾게 여기는 마음(悲心)을 일으켜 가혹하게 해치려는 마음을 없애는 것이다.

셋째는 법을 지키고 보호하는(護法) 마음을 발하여 몸과 목숨을 아끼지 않으며 모든 법을 비방하지 않는 것이다.

---

127 여기서부터 『미륵발문경』의 인용이다.

넷째는 욕됨을 참는(忍辱) 가운데 결정심(決定心: 굳게 머물러 흔들리지 않는 마음)을 내는 것이다.

다섯째는 깊은 마음(深心)을 청정하게 가지고 이양利養을 탐하지 않는 것이다.

여섯째는 일체종지一切種智의 마음을 발하여 날마다 항상 생각(念)하고 그만두거나 잊지 않는 것이다.

일곱째는 모든 중생에게 존중하는 마음을 일으키고 아만我慢의 마음을 제거하여 자신을 낮춰 말을 겸손하게 하는 것이다.

여덟째는 세상 이야기에 맛을 들여 집착하는 마음을 내지 않는 것이다.

아홉째는 깨달으려는 마음을 가까이하고 갖가지 선근善根의 인연을 깊이 일으키며 시끄럽고 어지럽고 산란한 마음을 멀리 여의는 것이다.

열째는 정념正念으로 부처님을 관觀하고 모든 의심을 없애는 것이다."

釋曰 如是十念 既非凡夫 當知初地以上菩薩 乃能具
석 왈 여 시 십 념 기 비 범 부 당 지 초 지 이 상 보 살 내 능 구

足如是十念 於純淨土爲下輩因 是爲隱密義之十念
족 여 시 십 념 어 순 정 토 위 하 배 인 시 위 은 밀 의 지 십 념

풀어서 말하자면, 이와 같은 십념十念이라면 이미 범부가 아니

다. 마땅히 초지[128] 이상의 보살이라야 이와 같은 십념을 다 갖추어 순정토의 하배인(순정토에 왕생하는 원인)이 될 수 있다는 것을 말아야 한다. 이것이 은밀한 뜻의 십념이다.

(2) 현료의 뜻의 십념

言顯了義十念相者 望第四對淨而說 如觀經言 下品
언 현료 의 십 념 상 자　망 제 사 대 정 이 설　여 관 경 언　하 품

下生者 或有眾生作不善業 五逆十惡 具諸不善 臨命
하 생 자　혹 유 중 생 작 불 선 업　오 역 십 악　구 제 불 선　임 명

終時 遇善知識 為說妙法 教令念佛 若不能念者 應稱
종 시　우 선 지 식　위 설 묘 법　교 령 염 불　약 불 능 념 자　응 칭

無量壽佛 故於念念中 除八十億劫生死之罪 命終之
무 량 수 불　고 어 염 념 중　제 팔 십 억 겁 생 사 지 죄　명 종 지

後 即得往生 乃至廣說
후　즉 득 왕 생　내 지 광 설

　현료의 뜻(顯了義)의 십념의 모습이란, 제4 상대문(정정·비정정 상대문에서 정정취문)의 정토에 견주어 설명한 것이다.

　저 『관경』에서 말씀하신 것과 같다.

　"하품하생이란 혹 어떤 중생이 불선업을 지어 오역[129]과 십악[130]의

---

128 초지初地: 보살이 불지를 향하여 수행해 나아가는 52계위階位 중 십지十地의 제1지인 환희지歡喜地를 말한다.

모든 불선不善을 갖춘 경우이다. (이와 같은 어리석은 사람은 악업으로 인해 마땅히 악도에 떨어져 오랜 세월을 지내면서 한없는 괴로움을 받을 것이다. 이와 같은 어리석은 사람이)[131] 목숨을 마치려 할 때에 선지식을 만나면 (선지식이 여러 가지로 편안하게 위로하고 그를 위하여) 미묘한 법을 설하고 부처님을 염하도록 가르침을 받게 되느니라. (그러나 이 사람은 극심한 고통에 시달려 부처님을 염할 경황조차 없느니라. 그래서 선지식은 다시 그에게 '그대가) 만약 부처님을 생각하지 못한다면 마땅히 무량수불(아미타불)을 부르도록 하라'고 하느니라. (이와 같이 지극한 마음으로

---

129 오역五逆: 무간지옥에 떨어질 다섯 가지의 큰 악행으로 오역죄五逆罪의 약칭. 오무간업五無間業이라고도 한다. 여기에 대승과 소승의 차이가 있다. 대승의 경우는 ①불탑과 사찰을 파괴하고 경전과 불상을 불사르고 삼보의 재물을 훔치는 것. ②삼승법(三乘法: 보살법·연각법·성문법)을 비방하고 성교聖敎를 가볍게 여기거나 천대하는 것. ③스님들을 욕하고 그 수행을 방해하는 것. ④소승의 오역죄를 범하는 것. ⑤인과因果의 도리를 믿지 않고 살생 등의 십불선업十不善業을 짓는 것이다. 소승의 경우는 ①아버지를 죽이는 것. ②어머니를 죽이는 것. ③아라한을 죽이는 것. ④화합된 대중을 깨뜨리는 것. ⑤부처님의 몸에 피를 내게 하는 것이다.

130 십악十惡: 몸(身)과 말(口)과 뜻(意)으로 짓는 열 가지 죄업을 말한다. 몸으로는 살생·투도偸盜·사음邪婬의 3가지 죄업을 짓고, 입으로는 망어妄語·기어綺語·악구惡口·양설兩舌의 4가지를, 뜻으로는 탐욕貪慾·진에瞋恚·사견邪見의 3가지 죄업을 짓기 때문에 통틀어 십악이라고 한다.

131 괄호 안의 문장은 『유심안락도』에는 생략되었지만, 『관무량수경』에는 있으므로 괄호 안에 포함시켰다. 아래 인용문 중의 다른 괄호들도 같은 경우이다.

소리가 끊어지지 않게 하여 십념을 구족하게 나무아미타불을
부르면 부처님의 명호를 부른 까닭에) 매번 염불하는 가운데
80억겁의 생사의 죄가 제거되고, 목숨을 마칠 때에는 (마치 해와
같은 황금빛 연꽃이 그 사람 앞에 나타나는 것을 보고 한순간에)
즉시 극락세계로 왕생하게 되느니라."

以何等心 名為至心 云何名為十念相續者 什公說言
이 하 등 심 명 위 지 심 운 하 명 위 십 념 상 속 자 집 공 설 언

譬如有人 於曠野中 值遇惡賊 揮戈拔劍 直來斷殺 其
비 여 유 인 어 광 야 중 치 우 악 적 휘 과 발 검 직 래 단 살 기

人勤走 視度一河 爾時但念渡河方便 既至河岸 為著
인 근 주 시 도 일 하 이 시 단 념 도 하 방 편 기 지 하 안 위 착

衣度 為脫衣度 若著衣衲132 恐不得過 若脫衣衲 恐不
의 도 위 탈 의 도 약 착 의 납 공 불 득 과 약 탈 의 납 공 불

得暇 但有此念 更無他意 當念度河 即是一念 此等十
득 가 단 유 차 념 갱 무 타 의 당 념 도 하 즉 시 일 념 차 등 십

念 不雜餘念 行者亦爾 若念佛名 若念佛相 無間念佛
념 불 잡 여 념 행 자 역 이 약 념 불 명 약 념 불 상 무 간 염 불

乃至十念 如是至心 名為十念 此是顯了義十念相也
내 지 십 념 여 시 지 심 명 위 십 념 차 시 현 료 의 십 념 상 야

그렇다면 어떠한 마음을 이름하여 지극한 마음(至心)이라 하고,
어떤 것을 이름하여 십념의 상속相續이라 하는가?
집공什公133께서 설명하여 말하기를 "비유컨대 어떤 사람이 광야

───────────────

132 대정장에는 衲자가 納으로 되어 있다.

가운데에서 우연히 악한 도둑을 만났는데, 그가 창을 휘두르고 칼을 빼어들고 죽이고자 곧바로 오기에, 그 사람은 부지런히 달아나다가 눈앞에 강을 보게 되었다. 이때에는 다만 강을 건너갈 방편만을 생각하다가, 어느덧 강기슭에 이르러서는 '옷을 입은 채로 건너야 할 것인가? 옷을 벗고 건너야 할 것인가? 만약 옷을 입은 채로 건넌다면 잘 건너지 못할까 두렵고, 만약 옷을 벗고 건넌다면 시간을 얻지 못할까 두렵다' 하며 다만 이 생각만을 할 뿐 다시 다른 생각은 없을 것이다. 당장 강을 건너야 한다는 생각이 곧 일념이며 이를 열 번 생각하는 것이 십념이니, 다른 생각이 섞여 있지 않다.

염불 수행자도 또한 이와 같아서, 만약 부처님의 명호를 생각하거나 부처님의 상호를 생각하되 빈틈이 없이 부처님만을 생각하여

---

133 구마라집(鳩摩羅什, 343~413)을 말한다. 범어 쿠마라지바Kumārajiva의 음역. 줄여서 라집羅什·집什이라고 하고, 의역하여 동수童壽라고 한다. 인도 스님으로 아버지는 구마라염鳩摩羅炎이고 어머니는 구자국왕龜玆國王의 누이동생인 기파耆婆이다. 7세 때 출가하여 인도 북쪽의 계빈국에서 반두달다에게 소승교를 배우고, 소륵국에서 수리야소마에게 대승교를 배웠다. 다시 구자국에서는 비마나차에게 율律을 배운 다음, 후태後泰의 요흥姚興을 따라 장안長安에 들어와서 서명각西明閣과 소요원逍遙園에서 여러 경률을 번역하였다. 『성실론成實論』·『십송율十誦律』·『대품반야경』·『묘법연화경』·『아미타경』·『중론』·『십주비파사론十住毘婆沙論』 등 경율론 74부 380여 권을 번역하였는데, 그 가운데서도 특히 힘을 기울인 것은 삼론三論의 하나인 중관中觀의 불교를 홍포하였으므로, 후에 그를 삼론종의 조사로 추존하였다.

내지 열 번을 생각하면 이와 같이 지극한 마음을 일러 십념이라 한다"라고 하였다. 이것이 현료의 뜻(顯了義)의 십념의 모습이다.

(3) 십념과 오역죄의 문제

今此兩卷 雖說十念 亦此隱密顯了二義 然於其中顯
금 차 양 권 수 설 십 념 역 차 은 밀 현 료 이 의 연 어 기 중 현

了十念 與觀經意 小[134]有不同 彼觀經中 不除五逆 唯
료 십 념 여 관 경 의 소 유 부 동 피 관 경 중 부 제 오 역 유

除誹謗方等之罪 此兩卷經 除其五逆 誹謗正法 如是
제 비 방 방 등 지 죄 차 양 권 경 제 기 오 역 비 방 정 법 여 시

相違 云何通者 彼經說其雖作五逆 依大乘敎 得懺悔
상 위 운 하 통 자 피 경 설 기 수 작 오 역 의 대 승 교 득 참 회

者 此經中說不懺悔者 由是義故 不相違也
자 차 경 중 설 불 참 회 자 유 시 의 고 불 상 위 야

　　지금 이『양권경』(兩卷經:『무량수경』을 말함)에서 비록 십념을 설하셨으나 이것에도 역시 은밀과 현료의 두 가지 뜻이 있다. 그러나 그 가운데 현료의 십념은『관경』의 뜻과 조금 같지 않은 데가 있다. 저『관경』에서는 오역五逆의 죄는 제외하지 않고 오직 방등[135]을 비방한 죄만 제외하였다. 그런데 이『양권경』에서는

---

134 대정장에는 小자가 少로 되어 있다.

135 방등方等: 방등경方等經을 말함. 방등경은 대승경전 전체를 이르는 말이다. 대승경전에서 말씀하신 것은 공간적(橫)으로는 시방에 두루한 방광보통方

108

오역과 정법을 비방한 것을 다 제외하였으니, 이와 같이 서로
어긋나는 것을 어떻게 회통할 것인가?

저 경(『관경』)에서는 비록 오역의 죄를 지었다고 하더라도 대승
의 가르침에 의지하여 참회하는 이를 말씀하신 것이고, 이 경(『무
량수경』)에서는 참회하지 않는 이를 말씀하신 것이다. 이러한
뜻으로 말미암기에 서로 어긋나지 않는다.

或有說言 彌勒所問經十念者 非而純淨土說 亦同觀經
혹 유 설 언 미 륵 소 문 경 십 념 자 비 이 순 정 토 설 역 동 관 경

第四對淨土而說 所以然者 所說十念 雖言非凡夫念
제 사 대 정 토 이 설 소 이 연 자 소 설 십 념 수 언 비 범 부 념

而是十信三賢菩薩之所修習 慈心悲心等以為十念
이 시 십 신 삼 현 보 살 지 소 수 습 자 심 비 심 등 이 위 십 념

혹 어떤 사람은 말하길, 『미륵소문경』의 십념이란 순수한 정토
를 말씀하신 것이 아니고 역시 『관경』에서 제4(정정취 상대문)의
정토에 대하여 말씀하신 것과 같다. 왜냐하면 말씀하신 십념은
비록 범부의 염은 아니지만, 십신[136]과 삼현[137]의 보살이 닦아 익힌

廣普通의 실다운 이치이며, 시간적(竪)으로는 범부나 성인을 포함한 평등
(等)한 교법이므로 이렇게 부른다.

136 십신十信: 보살이 불지를 향하여 수행해 나아가는 52위 중 제1위로부터
10위까지를 말한다. 즉 ①신심信心·②염심念心·③정진심精進心·④혜심
慧心·⑤정심定心·⑥불퇴심不退心·⑦호법심護法心·⑧회향심廻向心·⑨
계심戒心·⑩원심願心을 말하는데, 여기서의 열 가지 마음(十心)은 부처님

자비심 등이 십념이 된다고 말씀하셨기 때문이라고 한다.

故大寶積經 發勝志樂會說 爾時彌勒菩薩白佛言 世
고 대 보 적 경　발 승 지 락 회 설　이 시 미 륵 보 살 백 불 언　세

尊 如佛所說阿彌陀佛極樂世界功德利益 若有衆生
존　여 불 소 설 아 미 타 불 극 락 세 계 공 덕 이 익　약 유 중 생

發十種心 隨一一心 專念向阿彌陀佛 是人命終 當得
발 십 종 심　수 일 일 심　전 념 향 아 미 타 불　시 인 명 종　당 득

往生彼佛世界 世尊 何等名為發十種心 由是心故 當
왕 생 피 불 세 계　세 존　하 등 명 위 발 십 종 심　유 시 심 고　당

得往生彼佛世界
득 왕 생 피 불 세 계

　그러므로 『대보적경大寶積經』 「발승지락회發勝知樂會」에서 말
씀하시기를

　"그때에 미륵보살이 부처님께 아뢰기를 '세존이시여, 부처님께
서 말씀하신 바와 같이 아미타불의 극락세계의 공덕과 이익으로,
만약 어떤 중생이 열 가지 마음을 발하여 하나하나의 마음에
따라 생각을 오로지 하여 아미타불께 향한다면 이 사람이 목숨을
마칠 때에 마땅히 저 부처님 세계에 왕생할 수 있다고 하셨습니다.
세존이시여! 어떠한 것들을 이름하여 열 가지 마음을 일으킨다고

　의 교법을 믿어 의심이 없는 것을 말한다.

137　삼현三賢: 보살 수행의 52위 계위 가운데 제11위부터 제40위까지인 십주十
　　住·십행十行·십회향十廻向의 지위에 있는 대승보살들을 말한다.

110

하며, 이런 마음으로 말미암아 마땅히 저 부처님의 세계에 왕생하
게 되는 것입니까?'라고 하였다.

佛告彌勒菩薩言 彌勒 如是十心 非諸凡愚不善丈夫
불 고 미 륵 보 살 언　미 륵　여 시 십 심　비 제 범 우 불 선 장 부

具煩惱者之所能發 何等爲十 一者於諸衆生起於大
구 번 뇌 자 지 소 능 발　하 등 위 십　일 자 어 제 중 생 기 어 대

慈 無損害心 二者於諸衆生起於大慈 無逼惱心 三者
자　무 손 해 심　이 자 어 제 중 생 기 어 대 자　무 핍 뇌 심　삼 자

於佛正法不惜身命 樂守護心 四者於一切法發生勝
어 불 정 법 불 석 신 명　낙 수 호 심　사 자 어 일 체 법 발 생 승

忍 無執著心 五者不貪利養恭敬尊重淨意樂心 六者
인　무 집 착 심　오 자 불 탐 이 양 공 경 존 중 정 의 락 심　육 자

求佛種智 於一切時無忘失心 七者於諸衆生尊重恭
구 불 종 지　어 일 체 시 무 망 실 심　칠 자 어 제 중 생 존 중 공

敬無下劣心 八者不著世論於菩提分生決定心 九者
경 무 하 열 심　팔 자 불 착 세 론 어 보 리 분 생 결 정 심　구 자

種諸善根 無有雜染淸淨之心 十者於諸如來捨離諸
종 제 선 근　무 유 잡 염 청 정 지 심　십 자 어 제 여 래 사 리 제

相起隨念心
상 기 수 념 심

　　부처님께서 미륵보살에게 이르시기를 '미륵이여! 이와 같은
열 가지 마음은 모든 범부나 어리석고 착하지 못한 사람이나
번뇌에 얽매인 자는 능히 일으키지 못하느니라. 어떤 것이 열
가지라 하는가? 첫째는 모든 중생에게 대자大慈의 마음을 일으켜

그들을 송상하거나 해롭게 하지 않는 마음이다. 둘째는 모든 중생에게 대비大悲의 마음을 일으켜 핍박과 괴로움을 주지 않는 마음이다. 셋째는 부처님의 정법正法을 위하여 몸과 목숨을 아끼지 않고 즐거이 수호하는 마음이다. 넷째는 일체의 법에 뛰어나게 참는 마음(忍: 참음, 또는 無生忍)을 내고 집착하지 않는 마음이다. 다섯째는 이양利養을 탐내지 않고 공경하고 존중하며 생각을 깨끗이 하고 즐겁게 하는 마음이다. 여섯째는 불종지佛種智를 구하여 언제나 잃어버리지 않는 마음이다. 일곱째는 모든 중생에게 존중과 공경으로 대하고 얕잡아 업신여기지 않는 마음이다. 여덟째는 세론(世論: 세간의 여론이나 논란)에 집착하지 말고 보리를 얻기 위한 실천(菩提分)에 결정된 마음을 내는 것이다. 아홉째는 모든 선근善根을 심어 잡되거나 더러움이 없는 청정한 마음이다. 열째는 모든 여래께 모든 상념想念을 버리고 떠나며 부처님을 따라 생각하는 마음(隨念心)을 일으키는 것이다.

彌勒 是名菩薩發十種心 由是心故 當得往生 阿彌陀
미 륵 시 명 보 살 발 십 종 심 유 시 심 고 당 득 왕 생 아 미 타

佛極樂世界 彌勒 若人於此十種心中 隨成一心 樂欲
불 극 락 세 계 미 륵 약 인 어 차 십 종 심 중 수 성 일 심 낙 욕

往生彼佛世界 若不得生 無有是處
왕 생 피 불 세 계 약 불 득 생 무 유 시 처

미륵이여! 이를 보살이 열 가지의 마음을 내는 것이라고 이름하

느니라. 이 마음으로 인하여 반드시 아미타불의 극락세계에 왕생할 수 있느니라. 미륵이여! 만약 사람이 여기에서 열 가지 마음 가운데서 한 가지 마음만이라도 따라서 성취하고 기쁘게 저 부처님의 세계에 왕생하고자 하는데도 왕생하지 못하는 일이란 있을 수 없느니라'라고 하셨다."

解云 卽此經者 與彌勒所問同本異譯 所言非諸凡愚
해운 즉차경자 여미륵소문동본이역 소언비제범우

不善丈夫具煩惱之者所能發者　凡謂無性一闡提者
불선장부구번뇌지자소능발자　범위무성일천제자

愚謂趣寂二乘種性 誹謗正法 造五逆等 名不善士具
우위취적이승종성 비방정법 조오역등 명불선사구

煩惱者 除此餘人 成就一心 得生彼國 必有是處 是故
번뇌자 제차여인 성취일심 득생피국 필유시처 시고

應知 彌勒所說 十念非凡夫念等者 非但地上所修十
응지 미륵소설 십념비범부념등자 비단지상소수십

念 若不爾者 地前菩薩何無慈悲 豈不往耶 若觀經中
념 약불이자 지전보살하무자비 기불왕야 약관경중

修十六觀當生彼國 廣如彼說 九品之行 次門當述
수십륙관당생피국 광여피설 구품지행 차문당술

이를 풀이하여 말한다. 곧 이 경(『대보적경』)은 『미륵소문경』과 원본은 같지만 번역을 달리한 것이다. '모든 범부나 어리석고 착하지 못한 사람이나 번뇌에 얽매인 자는 능히 십념을 발할 수 없다'고 말씀하셨는데, 여기서 범부란 무성일천제[138]를 말한

것이요, 어리석은 사람은 공적함에만 나아가는(趣寂) 이승종성[139]
을 말한 것이다. 정법을 비방하고 오역죄 등을 지은 이들은 착하지
못한 사람으로 번뇌에 얽매인 자를 말한다. 이들을 제외한 나머지
사람들이 한마음을 성취하면(일심염불) 마땅히 저 나라에 왕생할
수 있는 것은 반드시 옳은 것이다.

이러한 까닭에 '미륵이여, 십념은 범부의 염 등이 아님을 마땅히
알아야 한다'라고 말씀하신 것은 다만 십지十地 이상의 보살만이
닦는 십념이 아니라는 뜻이다. 만약 그렇지 않다면 십지 이전의
보살이라 하여 어찌 자비가 없겠으며, 어찌하여 왕생하지 못하겠
는가?

『관경』 가운데서 십육관十六觀을 닦으면 마땅히 저 나라에 왕생
한다고 하신 것은 널리 그 경에서 설하신 것과 같다. 구품九品의
행行은 다음 장(門)에서 마땅히 서술할 것이다.

---

138 무성일천제無性一闡提: 무성無性은 불성佛性이 없는 것으로 결코 부처를
　　이룰 수 있는 성품이 없는 것. 일천제一闡提는 범어 잇찬티카Icchantika의
　　음역으로 줄여서 천제闡提라고 하며, 단선근斷善根·신불구족信不具足 등으
　　로 의역한다. 여기에는 단선천제斷善闡提와 대비천제大悲闡提가 있다. ①
　　단선천제는 『성유식론成唯識論』에서 말하는 무성유정無性有情과 같은 뜻
　　으로 본성이 성불할 수 없는 중생을 뜻한다. ②대비천제는 보살이 스스로
　　모든 중생을 구제하겠다는 비원悲願을 세우고 모든 중생이 다 구제되지
　　않는 한 자신도 성불하지 않겠다고 성불을 유보한 것을 말하며, 달리
　　천제보살闡提菩薩이라고도 부른다. 지장보살이 대표적인 대비천제이다.
139 **이승종성二乘種性**: 성문·연각의 종성을 가리킴. 이들은 다른 중생을 이롭게
　　하지 않고 자리自利의 공적空寂에만 나아가기 때문에 취적趣寂이라고 한다.

5) 『왕생론』의 오념문

若往生論明五因行如彼論云若善男子善¹⁴⁰女人修五
약 왕 생 론 명 오 인 행 여 피 론 운 약 선 남 자 선　여 인 수 오

念門行成就　畢竟得生安樂國土　見彼阿彌陀佛
념 문 행 성 취　필 경 득 생 안 락 국 토　견 피 아 미 타 불

何等五念門　一者禮拜門　二者讚嘆門　三者作願門　四
하 등 오 념 문　일 자 예 배 문　이 자 찬 탄 문　삼 자 작 원 문　사

者觀察門　五者迴向門
자 관 찰 문　오 자 회 향 문

云何禮拜　身業禮拜阿彌陀如來應正徧知　爲生彼國故
운 하 예 배　신 업 예 배 아 미 타 여 래 응 정 변 지　위 생 피 국 고

云何讚嘆　口業讚嘆稱彼如來名　如彼如來光明智相
운 하 찬 탄　구 업 찬 탄 칭 피 여 래 명　여 피 여 래 광 명 지 상

如彼名義　欲如實修行相應故
여 피 명 의　욕 여 실 수 행 상 응 고

云何作願　心常作願　一心專念　畢竟往生安樂國土　欲
운 하 작 원　심 상 작 원　일 심 전 념　필 경 왕 생 안 락 국 토　욕

如實修行奢摩他故
여 실 수 행 사 마 타 고

云何觀察　智慧觀察　正念觀彼　欲如實修行毘婆舍那
운 하 관 찰　지 혜 관 찰　정 념 관 피　욕 여 실 수 행 비 파 사 나

故　一觀佛國功德　二觀佛功德　三觀菩薩莊嚴功德
고　일 관 불 국 공 덕　이 관 불 공 덕　삼 관 보 살 장 엄 공 덕

云何迴向　不捨一切苦惱眾生　心常作願　迴向爲首　得
운 하 회 향　불 사 일 체 고 뇌 중 생　심 상 작 원　회 향 위 수　득

---

140 한불전에는 善자가 없지만 대정장과 『왕생론』 원문에 의거하여 넣었다.

成就大悲心故 廣說如彼 往生因緣略說如是
성 취 대 비 심 고　광 설 여 피　왕 생 인 연 약 설 여 시

그리고 『왕생론』에서는 (극락왕생을 위한) 다섯 가지 인행因行을 밝혔는데, 저 논에서 말한 것은 다음과 같다.[141]

"만약 선남자 선여인이 오념문五念門을 닦아서 성취하면 필경畢竟에는 안락국토에 왕생하여 저 아미타불을 뵙게 된다.

어떤 것들이 오념문인가? 첫째는 예배문禮拜門이요, 둘째는 찬탄문讚嘆門이며, 셋째는 작원문作願門이요, 넷째는 관찰문觀察門이며, 다섯째는 회향문廻向門이다.

어떻게 예배하는가? 신업身業으로 아미타여래·응공·정변지께 예배하는 것이니, 저 나라에 왕생하려 하기 때문이다.

어떻게 찬탄하는가? 구업口業으로 찬탄하며 저 아미타여래의 명호를 부르는 것이다. 저 여래의 광명과 지혜의 모습을 같이, 저 명호의 뜻과 같이 여실하게 수행하여 상응하고자 하기 때문이다.

어떻게 원願[142]을 세우는가? 마음을 항상 일심으로 전념(專念,

---

141 이하 따옴표 부분은 『왕생론』(대정장 1849, p.835a,b)의 인용이다.

142 원願: 범어 쁘라니다나Praṇidhāna의 번역. 무엇을 간곡하게 바란다는 뜻이며, 그 바라는 것을 결정코 얻으려는 희망과 소원. 여기서는 정토왕생을 위한 세 가지 자량(信·願·行) 중 하나로서 극락정토에 왕생하려는 간절한 발원을 의미한다.

오롯하게 염불함)하여 필경에는 안락국토에 왕생할 것을 원하는
것이니, 여실하게 사마타[143]를 수행하고자 하기 때문이다.

　어떻게 관찰하는가? 지혜로 관찰하고 바른 생각(正念)으로 저
(극락의 의보와 정보를) 관찰하는 것이니, 여실하게 비파사나[144]

---

143 사마타奢摩他: 범어 Śamatha·팔리어 samatha의 음역. 식식·지식止息·적
정寂靜·능멸能滅 등으로 번역하는데, 일반적으로는 지止라고 번역한다.
마음 가운데 일어나는 망념을 쉬고, 마음을 일정한 대상에 집중시켜 마음이
통일되면 모든 상념이 그치는 고요하고 평온한 상태를 말한다. 담란曇鸞의
『왕생론주往生論註』에는 세친보살이 『왕생론』에서 언급한 사마타를 지止
로 번역하면서 다음과 같이 풀이하고 있다. "사마타를 지止라고 하는
것에는 세 가지 뜻이 있다. 첫째, 일심으로 전념하여 아미타여래를 생각해
저 국토에 왕생하기를 원하면 이 여래의 명호와 저 국토의 명호는 능히
일체 악을 그치게 한다. 둘째, 저 안락국토는 삼계의 도를 초월하였기에
만약 사람이 저 국토에 왕생하면 자연히 몸과 입, 그리고 생각으로 짓는
악이 그친다. 셋째, 아미타여래는 정각에 주지住持하는 힘이 있어 자연히
성문이나 벽지불이 되려는 마음을 그치게 한다. 이 세 가지 지止는 여래의
여실한 공덕으로부터 생기기 때문에 '여실하게 사마타를 수행하고자 하기
때문이다'고 말한다."(이태원, 『왕생론주 강설』, 운주사, 2003, p.285)

144 비파사나毘婆舍那: 범어 Vipaśanā, 팔리어 Vipassanā의 음역. 비발사나毘
鉢舍那라고도 하며, 능견能見·정견正見·관찰觀察·관觀이라고 번역한다.
사마타와 쌍을 이루는 수행으로 지혜로써 주관과 객관의 모든 경계를
여실히 관찰하는 수행이다. 담란의 『왕생론주』에는 『왕생론』의 비파사나
를 다음과 같이 풀이하고 있다. "비파사나를 '관'이라고 하는 것에는 또한
두 가지 뜻이 있다. 첫째는 여기(사바)에 있으면서 생각을 지어 저 국토의
세 가지 장엄공덕(극락의 국토장엄, 부처님장엄, 보살장엄)을 관하는 것이
다. 이 공덕은 여실하기 때문에 수행하는 사람 역시 여실한 공덕을 얻는다.

를 수행하고자 하기 때문이다. 여기에는 첫째로 아미타불 정토의 장엄공덕을 관찰하는 것, 둘째로 아미타불의 장엄공덕을 관찰하는 것, 셋째로 보살의 장엄공덕을 관찰하는 것이 있다.

어떻게 회향하는가? 모든 고뇌하는 중생을 버리지 않고자 마음으로 항상 원을 세워 (그들을 위해) 회향하는 것을 으뜸으로 삼는 것이니, 대비심大悲心을 성취하고자 하기 때문이다."

이와 같이 저곳(『왕생론』)에서 널리 설하였다. 왕생의 인연에 대해서는 간략히 이와 같이 설명한다.

여실한 공덕은 반드시 저 국토에 왕생하게 한다. 두 번째는 저 정토에 왕생하면 즉시 아미타불을 친견하고 미증정심보살(未證淨心菩薩: 초지부터 7지까지의 보살)이 필경 평등한 법신을 증득하여 정심보살(淨心菩薩: 8지보살)과 상지보살(上地菩薩: 9지와 10지보살)과 더불어 결국에는 적멸 평등을 얻는다. 그러므로 '여실하게 비파사나를 수행하고자 하기 때문이다' 라고 말한다."(이태원, 『왕생론주 강설』, 운주사, 2003, p.289)

5. 왕생의 품수를 드러냄

第五出往生品數者　唯觀無量壽經　說往生彼土不過
제 오 출 왕 생 품 수 자　유 관 무 량 수 경　설 왕 생 피 토 불 과

九品　故彼經言
구 품　고 피 경 언

　다섯 번째는 왕생의 품수品數를 드러내는 것이다. 오직 『관무량
수경』에서는 저 정토에 왕생하는 데는 구품을 넘지 않는다고
말씀하셨다. 그래서 저 경에서 다음과 같이 말씀하셨다.[145]

---

145 이하에서는 위제희 부인이 극락왕생을 발원하게 된 인연과 극락에 왕생하
　　려는 이가 닦아야 할 세 가지 복(三福), 그리고 삼배구품三輩九品에 대해
　　『관무량수경』을 길게 인용하며 설명한다.

1) 『관경』의 구품왕생

(1) 정토를 기쁘게 구하는 인연(欣淨緣)[146]

唯願世尊 爲我廣說無憂惱處 我當往生 不樂閻浮提
유 원 세 존　위 아 광 설 무 우 뇌 처　아 당 왕 생　불 락 염 부 제

濁惡世也 此濁惡處 地獄餓鬼畜生盈滿 多不善聚 願
탁 악 세 야　차 탁 악 처　지 옥 아 귀 축 생 영 만　다 불 선 취　원

我未來不聞惡聲 不見惡人 今向世尊五體投地 求哀
아 미 래 불 문 악 성　불 견 악 인　금 향 세 존 오 체 투 지　구 애

懺悔 唯願佛日敎我觀於淸淨業處
참 회　유 원 불 일 교 아 관 어 청 정 업 처

"오직 원하옵건대 세존이시여, 저를 위하여 근심과 번뇌가 없는
곳을 널리 말씀하여 주시옵소서. 저는 마땅히 그곳에 왕생하겠습
니다. 저는 염부제(閻浮提: 사바세계)와 같이 혼탁하고 악한 세상
을 즐거워하지 않습니다. 이 혼탁하고 악한 세상에는 지옥·아귀·
축생이 가득하고 착하지 못한 무리가 많습니다. 저는 미래에 악한
소리를 듣지 않고 악한 사람도 보지 않기를 원하옵니다.

　이제 세존을 향하여 오체五體를 땅에 던지어 애타게 참회하고
구하나이다. 오직 원하옵건대 해와 같은 부처님의 빛을 비추시어
제가 청정한 업으로 이루어진 곳을 보도록 가르쳐 주소서."

---

146 이하 소제목인 '흔정연欣淨緣', '산선현행연散善顯行緣' 등은 선도대사가
　『관경소』에서 분과한 제목을 채용한 것이다.

爾時世尊放眉間光 其光金色 徧照十方無量世界 還
이 시 세 존 방 미 간 광 기 광 금 색 변 조 시 방 무 량 세 계 환

住佛頂 化爲金臺 如須彌山 十方諸佛淨妙國土皆於
주 불 정 화 위 금 대 여 수 미 산 시 방 제 불 정 묘 국 토 개 어

中現 或有國土七寶合成 復有國土純是蓮華 復有國
중 현 혹 유 국 토 칠 보 합 성 부 유 국 토 순 시 연 화 부 유 국

土如自在天宮 復有國土如頗瓈鏡 十方國土皆於中
토 여 자 재 천 궁 부 유 국 토 여 파 려 경 시 방 국 토 개 어 중

現 如是等無量諸佛國土 嚴顯可觀 令韋提希見
현 여 시 등 무 량 제 불 국 토 엄 현 가 관 영 위 제 희 견

그때 세존께서 눈썹 사이(眉間)에서 빛을 놓으시니, 그 빛은 금색으로 시방에 무량한 세계를 두루 비추고는 다시 부처님의 정수리로 되돌아와서 머무르며 수미산과 같은 금대金臺로 변하였다. 그리고 시방세계 모든 부처님들의 깨끗하고 미묘한 국토가 그 가운데에 나타났다.

혹 어떤 국토는 칠보七寶가 합하여 이루어져 있고, 또 어떤 국토는 순전히 연꽃으로 되어 있으며, 또 어떤 국토는 자재천궁自在天宮과 같은 곳도 있고, 또 어떤 국토는 파려[147] 거울과 같은 곳도 있어 시방의 국토가 모두 그 가운데 나타났다. 이와 같이 한량없는 모든 불국토가 장엄되어 나타난 것은 참으로 볼 만하였으며, 이를 위제희로 하여금 보게 하셨다.

---

[147] 파려頗瓈: 칠보의 하나로 수정의 일종.

時韋提希白佛言 世尊 是諸佛土 雖復清淨 皆有光明
시 위 제 희 백 불 언 세 존 시 제 불 토 수 부 청 정 개 유 광 명

我今樂生極樂世界阿彌陀佛所 唯願世尊 教我思惟
아 금 낙 생 극 락 세 계 아 미 타 불 소 유 원 세 존 교 아 사 유

教我正受
교 아 정 수

이때 위제희가 부처님께 사뢰어 말하였다.

"세존이시여! 이 모든 부처님의 국토가 비록 또 청정하고 다 광명이 있지만, 저는 지금 기꺼이 아미타불이 계시는 극락세계에 왕생하고 싶습니다. 오직 원하옵건대 세존이시여, 저에게 사유思惟를 가르쳐 주시고 저에게 정수正受148를 가르쳐 주소서."

---

148 사유思惟·정수正受: 사유는 범어 cintanā의 번역으로 진실의 도리를 깊이 생각하는 것을 말한다. 팔정도八正道의 하나로는 정사유正思惟라 표현하고 있다. 정수는 범어 samāpatti의 번역으로 삼마발저三摩鉢底·삼마발제(바리)三摩拔提 등으로 음역하며 의역으로는 등지等至·정정현전正定現前 등으로 옮긴다. 곧 선정에 들 때 신심을 평등하고 안온한 상태가 되어 삼매와 상응하는 것을 말하며, 때로는 삼매나 선정의 다른 이름으로도 불린다. 여기서 위제희 부인이 말하는 사유와 정수에 대해 정영사 혜원이나 천태지자 등 제가들은 대체로 사유를 삼복三福의 산선散善으로, 정수를 16관의 정선定善의 행行으로 보는 데 반해, 정토종을 개창한 선도(善導, 613~681)는 사유와 정수를 모두 정선의 행이라 보았다. 즉 사유는 정선의 전방편前方便으로서 정토의 의보·정보와 사종장엄四種莊嚴을 억념憶念하는 것이라 하고, 정수는 앞의 사상思想이 점점 미세해짐으로 인하여 '깨달음과 사상이 모두 사라지고 오직 선정의 마음만 있어 앞의 경계와 합해지는 것'이라 하고 있다(선도, 『관무량수불경소』 「序分義」 권제2).

......[149]

(2) 산선이 왕생의 행임을 나타내는 인연(散善顯行緣)-정업 삼복

佛告韋提希 汝今知不 阿彌陀佛去此不遠 汝當繫念
불 고 위 제 희　여 금 지 불　아 미 타 불 거 차 불 원　여 당 계 념

諦觀彼國 淨業成者 我今為汝廣說眾譬 亦令未來世
제 관 피 국　정 업 성 자　아 금 위 여 광 설 중 비　역 령 미 래 세

一切凡夫欲修淨業者 得生西方極樂國土 欲生彼國
일 체 범 부 욕 수 정 업 자　득 생 서 방 극 락 국 토　욕 생 피 국

者[150] 一者不殺生 修十善業 二者受持三皈 具足眾戒
자　　일 자 불 살 생　수 십 선 업　이 자 수 지 삼 귀　구 족 중 계

不犯威儀 三者發菩提心 深信因果 讀誦大乘 勸進行
불 범 위 의　삼 자 발 보 리 심　심 신 인 과　독 송 대 승　권 진 행

者 如是三事 名為淨業 佛告韋提希 汝今知不 此三種
자　여 시 삼 사　명 위 정 업　불 고 위 제 희　여 금 지 불　차 삼 종

業 過去未來現在三世諸佛淨業正因
업　과 거 미 래 현 재 삼 세 제 불 정 업 정 인

부처님께서 위제희에게 말씀하셨다.

"그대는 지금 알겠는가? 아미타불께 가려면 여기에서 멀지 않
다. 그대는 마땅히 생각을 한곳에 모아 저 나라에 정업淨業이

---

149 『관경』 인용문 중에 나오는 …… 표시는 『유심안락도』에서 『관경』의
원문을 인용하면서 생략한 부분이다. 이하도 동일.

150 속장경에는 欲生彼國者 뒤에 當修三福이란 문장이 나온다.

이루어 진 것을 자세히 보아라. 내가 지금 그대를 위하여 많은 비유를 들어 설명하고, 또한 미래세상의 모든 범부들로 하여금 정업을 닦아 서방 극락국토에 왕생할 수 있도록 설명하겠노라.

저 나라에 왕생하고자 하는 사람은 마땅히 세 가지의 복(三福)을 닦아야 하느니라. 첫째는 …… 살생을 하지 말고 열 가지 착한 업(十善業)을 닦는 것이다. 둘째는 삼귀의를 받아 지니고 여러 가지 계율을 다 갖추어 위의威儀를 범하지 않는 것이다. 셋째는 보리심을 발하고 인과因果를 깊이 믿으며 대승경전을 독송하며 다른 수행자에게도 힘써 권하는 것이다. 이와 같은 세 가지 일을 이름하여 정업이라 하느니라."

부처님께서 다시 위제희에게 말씀하셨다.

"그대는 지금 알겠는가? 이 세 가지 업은 과거와 미래와 현재 삼세三世의 모든 부처님께서 닦으신 정업의 바른 인(正因)이니라."

……

(3) 삼배관三輩觀

① 상품상생

佛告阿難 及韋提希 上品上生者 若有眾生願生彼國
불 고 아 난 급 위 제 희 상 품 상 생 자 약 유 중 생 원 생 피 국

者 發三種心 卽便往生 何等為三 一者至誠心 二者深
자 발 삼 종 심 즉 변 왕 생 하 등 위 삼 일 자 지 성 심 이 자 심

心三者迴向發願心具三心者必生彼國復有三種眾生
심 삼 자 회 향 발 원 심 구 삼 심 자 필 생 피 국 부 유 삼 종 중 생

當得往生何等為三一者慈心不殺具諸戒行二者讀誦
당 득 왕 생 하 등 위 삼 일 자 자 심 불 살 구 제 계 행 이 자 독 송

大乘方等經典 三者修行六念 迴向發願 願生彼國
대 승 방 등 경 전 삼 자 수 행 육 념 회 향 발 원 원 생 피 국

부처님께서 다시 아난과 위제희에게 말씀하셨다.

"상품의 상에 왕생하는 사람(上品上生者)이란, 만약 어떤 중생이 저 나라에 왕생하기를 원하며 세 가지 마음을 발한다면 즉시 왕생하게 될 것이다. 어떤 것을 세 가지라 하는가? 첫째는 지극히 정성스런 마음(至誠心)이요, 둘째는 깊은 마음(深心)이며, 셋째는 회향을 발원하는 마음(迴向發願心)이다. 이 세 가지 마음을 갖춘 자는 반드시 저 나라에 왕생하게 되느니라.

다시 세 종류의 중생이 있어 마땅히 왕생할 수 있나니, 어떤 것이 셋인가? 첫째는 사랑하는 마음(慈心)으로 살생하지 않고 모든 계행戒行을 갖추는 것이며, 둘째는 대승방등大乘方等 경전을 독송하는 것이요, 셋째는 육념六念[151]을 수행하고 회향하여 저 나라에 왕생하기를 발원하는 것이니라.

---

151 육념六念: 육념법六念法·육수념六隨念이라고도 한다. ①염불念佛, ②염법念法, ③염승念僧, ④염계念戒, ⑤염시念施, ⑥염천念天. 이 육념은 앞에서 설한 삼복三福과도 상통한다.

126

具此功德 一日乃至七日 即得往生 生彼國時 此人精
구 차 공 덕 일 일 내 지 칠 일 즉 득 왕 생 생 피 국 시 차 인 정

進勇猛故 阿彌陀如來與觀世音大勢至 無數化佛 百
진 용 맹 고 아 미 타 여 래 여 관 세 음 대 세 지 무 수 화 불 백

千比丘 聲聞大衆 無量諸天 七寶宮殿 觀世音菩薩執
천 비 구 성 문 대 중 무 량 제 천 칠 보 궁 전 관 세 음 보 살 집

金剛臺 與大勢至菩薩 至行者前 阿彌陀佛放大光明
금 강 대 여 대 세 지 보 살 지 행 자 전 아 미 타 불 방 대 광 명

照行者身 與諸菩薩授手迎接 觀世音大勢至與無數
조 행 자 신 여 제 보 살 수 수 영 접 관 세 음 대 세 지 여 무 수

菩薩 讚嘆行者 勸進其心 行者見已 歡喜踊躍 自見其
보 살 찬 탄 행 자 권 진 기 심 행 자 견 이 환 희 용 약 자 견 기

身乘金剛臺 隨從佛後 如彈指頃 往生彼國
신 승 금 강 대 수 종 불 후 여 탄 지 경 왕 생 피 국

이러한 공덕을 갖추면 하루나 내지 이레 만에 곧 왕생할 수 있느니라. 그리고 저 나라에 왕생할 때에는 이 사람의 정진이 용맹스러웠기 때문에 아미타여래께서 관세음보살과 대세지보살과 무수한 화신불과 백천의 비구, 성문 대중과 무량한 여러 천인들, 칠보궁전[152]과 함께 (행자의 앞에) 나타나시느니라. 이때 관세음

---

[152] 칠보궁전七寶宮殿: 아미타부처님이 계시는 극락정토의 궁전. 민국 시대 여벽성呂碧城이 지은 『관무량수경석론觀無量壽經釋論』에는 극락정토의 칠보궁전이 임종자 앞에 나타나는 현상에 대해 다음과 같이 설명한다. "질문는다. 연화대가 와서 맞이하는 것은 가능하겠는데, 칠보궁전이 어떻게 (극락에서) 이동하여 임종자에게 이를 수 있다는 것인가? 대답한다. 의보와 정보는 동시에 함께 생긴다. 『유가사지론』에서 말한 것과 같다……."

보살께서 금강대(연화좌)를 잡으시고 대세지보살과 함께 행자의
앞에 이르며, 아미타불께서는 큰 광명을 놓아 행자의 몸을 비추시
며 모든 보살과 함께 손을 내밀어 행자를 영접하시느니라. 그리고
관세음보살과 대세지보살이 무수한 보살과 함께 행자를 찬탄하고
그 마음을 더욱 격려하시느니라. 이에 행자는 이를 보고 나서
뛸 듯이 기뻐하며 스스로 자기 몸을 보면 그 몸은 어느덧 금강대를
타고 부처님의 뒤를 따라가 손가락 퉁기는 순간에 저 나라에
왕생하게 되느니라.

生彼國已 見佛色身眾相具足 見諸菩薩色相具足 光
생피국이 견불색신중상구족 견제보살색상구족 광

明寶林演說妙法 聞已即悟無上法忍 經須臾間 歷事
명보림연설묘법 문이즉오무상법인 경수유간 역사

諸佛 徧十方界 於諸佛前 次第授記 還到本國 得無量
제불 변시방계 어제불전 차제수기 환도본국 득무량

百千陀羅尼門 是名上品上生者
백천다라니문 시명상품상생자

저 나라에 왕생하게 되면 부처님의 몸에 여러 상호가 구족한
것을 보고, 또 여러 보살들의 몸도 상호가 구족한 것을 보게 되느니
라. 그리고 밝은 빛과 보배나무 숲이 미묘한 법을 연설하는 것을
듣고는 즉시 무생법인[153]을 깨닫느니라. 또 잠깐 동안에 두루 시방

___

153 무생법인無生法忍: 범어 anutpattika-dharma-kṣānti의 번역. 나지도 않고

128

세계를 다니면서 모든 부처님을 섬기고 모든 부처님 앞에서 차례로
수기授記[154]를 받은 다음, 다시 극락으로 돌아 와서 무량한 백천의
다라니문陀羅尼門[155]을 얻게 되느니라. 이를 상품의 상에 왕생하는
사람이라고 하느니라.

멸하지도 않는 모든 법의 실상實相을 관하여 이를 확고히 깨닫고 부동심不
動心에 안주하며 물러나지 않는 지위(不退轉地)에 머무는 것을 말한다.
인忍이란 인가, 결정한다는 뜻으로 지혜로써 진여의 이치를 확정적으로
깨닫는 것을 말한다. 『화엄경』「십지품」에는 제6 현전지, 제7 원행지를
거쳐 제8 부동지不動地에 이르러서야 무생법인을 증득한다고 나와 있다.
그런데 범부가 극락에 왕생하면 그 시기의 차이는 있을지라도 왕생한
모든 이가 무생법인을 증득하게 된다.

154 수기授記: 범어 Vyākarana의 번역. 부처님께서는 보살과 이승二乘들에게
다음 세상 언제 어디서 성불하리라는 것을 자세히 예언하신 말씀.

155 다라니문陀羅尼門: 다라니는 범어 dhāranī의 음역이며, 총지總持·능지能持
·능차能遮라고 의역한다. 다라니는 무량·무변한 이치를 섭수攝收해 지니
어 잃지 않는 염혜念慧의 힘을 일컫는다. 일반적으로 다라니에는 두 가지
뜻이 있다. ①지혜智慧·삼매三昧라고도 한다. 이것은 말을 잊지 않고
뜻을 분별하며, 우주의 실상이 계합하여 수많은 법문을 보존하여 가지기
때문이다. ②진언眞言이라고 하는데 범문梵文을 번역하지 않고 음의 소리
대로 그대로 적어 외우는 것이다. 이것을 번역하지 않는 이유는 원문의
전체 뜻이 한정되어 있는 것을 피하기 위한 것과, 밀어密語라고 하여
다른 사람들에게 비밀히 하는 뜻이 있다. 이것을 외우는 사람은 한량없는
말을 들어도 잊지 아니하며, 끝없는 이치를 알아 학해學解를 돕고 모든
장애를 벗어나 한량없는 복덕福德을 얻는 등 많은 공덕이 있으므로 다라니
라고 한다. 흔히 범문梵文의 짧은 구절로 된 것을 진언眞言, 또는 주呪라고
하고, 긴 구절로 된 것을 다라니, 또는 대주大呪라고도 한다.

② 상품중생

上品中生者 不必受持讀誦方等經典 善解義趣 於第
상품중생자 불필수지독송방등경전 선해의취 어제

一義心不驚動 深信因果 不謗大乘 以此功德迴向 願
일의심불경동 심신인과 불방대승 이차공덕회향 원

求生極樂國 行此行者 命欲終時 阿彌陀佛與觀世音
구생극락국 행차행자 명욕종시 아미타불여관세음

大勢至 無量大衆眷屬圍繞 持紫金臺至行者前 讚言
대세지 무량대중권속위요 지자금대지행자전 찬언

法子 汝行大乘 解第一義 是故我今來迎接汝 與千化
법자 여행대승 해제일의 시고아금내영접여 여천화

佛一時授手 行者自見坐紫金臺 合掌叉手 讚嘆諸佛
불일시수수 행자자견좌자금대 합장차수 찬탄제불

如一念頃 即生彼國七寶池中
여일념경 즉생피국칠보지중

　상품의 중에 왕생하는 사람(上品中生者)이란, 그가 반드시 대승
경전을 받아 지녀 외우고 독송하지는 못하더라도 그 핵심 뜻(義趣)
을 잘 이해하여 최고의 진리(第一義)에도 마음이 놀라 움직이지
않으며, 깊이 인과를 믿고 대승을 비방하지 아니하면서, 이러한
공덕을 회향하여 극락국토에 왕생하기를 원하고 구하는 이를
말하느니라. 이러한 수행을 닦은 행자가 목숨을 마치려고 할 때에
는 아미타불께서 관세음보살 및 대세지보살과 함께 한량없는
대중과 권속에 둘러싸이시어 자금대紫金臺를 가지고 행자의 앞에
오시어 칭찬하여 말씀하시기를 "법法의 아들아! 그대는 대승을

130

행하고 최고의 진리를 잘 이해하였다. 이러한 까닭에 내가 지금
와서 너를 영접하느니라" 하시고 천 명의 화신불과 함께 손을
내미시느니라. 이때에 행자는 스스로 자금대에 앉아 있음을 보게
되고, 손을 모아 합장하고 모든 부처님을 찬탄하고는 한 생각
사이에 저 나라의 칠보의 연못 가운데 왕생하게 되느니라.

此紫金臺如大寶華經宿則開 行者身作紫磨金色足下
차 자 금 대 여 대 보 화 경 숙 즉 개 행 자 신 작 자 마 금 색 족 하

亦有七寶蓮華 佛及菩薩俱時放光¹⁵⁶照行者身 目即開
역 유 칠 보 연 화 불 급 보 살 구 시 방 광 조 행 자 신 목 즉 개

明 因前宿習 普聞衆聲純說甚深第一義諦 即下金臺
명 인 전 숙 습 보 문 중 성 순 설 심 심 제 일 의 제 즉 하 금 대

禮佛合掌 讚嘆世尊經於七日 應時即於無上菩提得不
예 불 합 장 찬 탄 세 존 경 어 칠 일 응 시 즉 어 무 상 보 리 득 불

退轉應時即能飛至十方歷事諸佛於諸佛所修諸三昧
퇴 전 응 시 즉 능 비 지 시 방 역 사 제 불 어 제 불 소 수 제 삼 매

經一小劫 得無生忍 現前授記 是名上品中生者
경 일 소 겁 득 무 생 인 현 전 수 기 시 명 상 품 중 생 자

이 자금대는 큰 보배 꽃(大寶華)과 같은데 하룻밤이 지나면
피게 되고 행자의 몸은 자마금색으로 되며 발아래에도 또한 칠보의
연꽃이 있느니라. 부처님과 보살들이 함께 광명을 놓아 행자의
몸을 비추면 바로 눈이 밝게 열리고, 과거 숙세에 익힌 공덕으로

---

156 대정장에는 光자 뒤에 明자가 하나 더 있다.

여러 가지 소리들이 순전히 깊고 미묘한 최고의 진리(第一義諦)를 연설하는 것임을 널리 알아듣느니라. 그러면 곧 금대에서 내려와 부처님께 합장하고 예배하면서 세존을 찬탄하게 되느니라. 이렇게 7일이 지나면 곧바로 위없는 보리에서 물러남이 없는 불퇴전을 얻게 되며, 바로 날아서 시방세계에 이르러 모든 부처님을 섬기고 모든 부처님 계신 곳에서 모든 삼매를 닦아 일소겁一小劫이 지나면 무생법인을 얻고 눈앞에서 수기를 받게 되느니라. 이를 상품의 중에 왕생하는 사람이라고 하느니라.

③ 상품하생

上品下生者 亦信因果 不謗大乘 但發無上道心 以此
상 품 하 생 자 역 신 인 과 불 방 대 승 단 발 무 상 도 심 이 차

功德 迴向願求生極樂國 行者命欲終時 阿彌陀佛 及
공 덕 회 향 원 구 생 극 락 국 행 자 명 욕 종 시 아 미 타 불 급

觀世音大勢至 與諸眷屬 持金蓮華 化作五百佛來迎
관 세 음 대 세 지 여 제 권 속 지 금 련 화 화 작 오 백 불 래 영

此人 五百化佛一時授手 讚言 法子 汝今淸淨 發無上
차 인 오 백 화 불 일 시 수 수 찬 언 법 자 여 금 청 정 발 무 상

道心 我來迎汝 見此事時 即自見身坐金蓮華 坐已 華
도 심 아 래 영 여 견 차 사 시 즉 자 견 신 좌 금 련 화 좌 이 화

合 隨世尊後 即得往生七寶池中 一日一夜 蓮華乃開
합 수 세 존 후 즉 득 왕 생 칠 보 지 중 일 일 일 야 연 화 내 개

七日之中 乃得見佛
칠 일 지 중 내 득 견 불

상품의 하에 왕생하는 사람(上品下生者)이란, 역시 인과를 믿고 대승을 비방하지 않으며 다만 위없는 도의 마음(道心)을 내면서, 이러한 공덕을 회향하여 극락국토에 왕생하기를 원하고 구하는 이를 말하느니라. 이 행자가 목숨을 마치려고 할 때에는 아미타불께서 관세음보살 및 대세지보살과 여러 권속들과 함께 금연화金蓮花를 가지고 5백의 화신불을 나투시어 이 사람을 맞이하러 오시느니라. 오백의 화신불께서는 일시에 손을 내미시며 칭찬하여 말씀하시기를 "법의 아들아! 그대는 이제 청정하게 위없는 도를 얻고자 하는 마음을 일으켰으므로 내가 와서 그대를 맞이하노라"라고 하시느니라. 행자가 이런 일을 보게 되면 곧 스스로의 몸이 금연화에 앉아 있는 것을 보게 되고, 앉고 나면 연꽃이 오므라들어 세존의 뒤를 따라서 곧 칠보의 연못 가운데에 왕생하게 되느니라. 그리하여 하루 낮 하루 밤이 지나면 연꽃이 바로 열리어 칠일 안에 부처님을 뵙게 되느니라.

雖見佛身 於眾相好心不明了 於三七日後 乃了了見
수 견 불 신 어 중 상 호 심 불 명 료 어 삼 칠 일 후 내 료 료 견

聞眾樂音聲皆演妙法 遊歷十方 供養諸佛 於諸佛前
문 중 낙 음 성 개 연 묘 법 유 력 시 방 공 양 제 불 어 제 불 전

聞甚深法 經三小劫 得百法明門 住歡喜地 是名上品
문 심 심 법 경 삼 소 겁 득 백 법 명 문 주 환 희 지 시 명 상 품

下生者 是名上輩生相 名第十四觀
하 생 자 시 명 상 배 생 상 명 제 십 사 관

비록 부처님의 몸을 뵙는다 해도 모든 상호가 마음에 분명하지는 않다가, 21일이 지난 뒤에야 비로소 확실하게 뵐 수 있으며, 모든 음악 소리가 다 미묘한 법을 연설하는 것으로 들리게 되느니라. 그리고 시방세계에 두루 다니며 모든 부처님께 공양하고 모든 부처님 앞에서 깊고 미묘한 법을 듣고 삼소겁三小劫을 지나면 온갖 법을 밝게 깨닫는 지혜(百法明門)를 얻어 환희지[157]에 머물게 되느니라. 이를 상품의 하에 왕생하는 사람이라고 하느니라.

이상을 상품의 무리가 정토에 왕생하는 모습(上輩生相)이라 하며, 제14관觀이라고 부르느니라. ……

④ 중품상생

中品上生者 若有衆生 受持五戒持八戒齋修行諸戒
중 품 상 생 자　약 유 중 생　수 지 오 계 지 팔 계 재 수 행 제 계

不造五逆 無衆過患 以此善根 迴向願求生於西方極
부 조 오 역　무 중 과 환　이 차 선 근　회 향 원 구 생 어 서 방 극

樂世界 臨命終時 阿彌陀佛 與諸比丘 眷屬圍繞 放金
락 세 계　임 명 종 시　아 미 타 불　여 제 비 구　권 속 위 요　방 금

色光 至其人所 演說苦空無常無我 讚歎出家 得離衆
색 광　지 기 인 소　연 설 고 공 무 상 무 아　찬 탄 출 가　득 리 중

---

157 환희지歡喜地: 보살이 불지를 향하여 나아가는 52위 계위 중 제41위를 말한다. 십지十地의 맨 처음 지위라고 하여 초환희지初歡喜地라고도 하는데, 이는 진여眞如의 이치를 일분一分 증득하여 성인의 지위에 올라 다시는 뒤로 물러나지 아니하고 자리이타自利利他의 행을 이루어서, 마음으로 기뻐하기 때문에 이렇게 부른다.

苦 行者見己 心大歡喜 自見己身坐蓮華臺 長跪合掌
고 행자견이 심대환희 자견기신좌연화대 장궤합장

為佛作禮 未舉頭頃 即得往生極樂世界 蓮華尋開 當
위불작례 미거두경 즉득왕생극락세계 연화심개 당

華敷時 聞眾音聲 讚嘆四諦 應時即得阿羅漢道 三明
화부시 문중음성 찬탄사제 응시즉득아라한도 삼명

六通 具八解脫 是名中品上生者
육통 구팔해탈 시명중품상생자

중품의 상에 왕생하는 사람(中品上生者)이란, 만약 어떤 중생이 있어 5계와 8계를 받아 지니고 모든 계를 닦아 행하며 오역죄를 짓지 않고, 모든 허물과 근심이 없는 이러한 선근을 회향하여 서방극락세계에 왕생하기를 원하고 구하는 이를 말하느니라. 그 사람이 목숨이 마치려 할 때에 아미타불께서 여러 비구들과 함께 권속에 둘러싸이시어 금색 광명을 놓으시며 그 사람이 있는 곳에 이르시어 모든 법이 괴롭고(苦), 공空하며, 영원하지 않고(無常), 자아가 없다(無我)는 법문을 연설하시고, 출가하여 모든 괴로움에서 벗어나는 것을 찬탄하시느니라. 행자는 이를 보고 마음으로 크게 기뻐하며 자신의 몸이 스스로 연화대에 앉아 있는 것을 보고는 무릎을 꿇고 합장하여 부처님께 예배하는데, 머리를 채 들기도 전에 바로 극락세계에 왕생하게 되고 연꽃이 열리게 되느니라. 연꽃이 피어날 바로 그때 여러 가지 소리들이 모두 사제법四諦法을 찬탄하는 소리로 들리느니라. 이 소리를 듣고 바로 아라한

도를 얻어 삼명육통三明六通[158]과 팔해탈八解脫[159]을 다 갖추게 되느니라. 이를 중품의 상에 왕생하는 사람이라고 하느니라.

⑤ 중품중생

中品中生者 若有眾生 若一日一夜 受持八戒齋 若一
중품중생자 약유중생 약일일일야 수지팔계재 약일

日一夜 持沙彌戒 若一日一夜 持具足戒 威儀無缺 以
일일야 지사미계 약일일일야 지구족계 위의무결 이

此功德 迴向願求生極樂國 戒香薰修 如此行者 臨命
차공덕 회향원구생극락국 계향훈수 여차행자 임명

終時 見阿彌陀佛 與諸眷屬 放金色光 持七寶蓮 至行
종시 견아미타불 여제권속 방금색광 지칠보련 지행

---

158 삼명육통三明六通: 아라한도阿羅漢道를 성취한 성자가 갖추고 있는 자재하고 미묘한 신통력을 말한다. 먼저 삼명은 천안통(天眼通: 모든 것을 막힘없이 꿰뚫어 환히 볼 수 있는 능력), 숙명통(宿命通: 나와 남의 과거, 전생을 아는 능력), 누진통(漏盡通: 번뇌를 모두 끊어, 내세에 미혹한 생존을 받지 않음을 아는 능력)을 말한다. 이 삼명에 다시 천이통(天耳通: 모든 소리를 마음대로 들을 수 있는 능력), 타심통(他心通: 다른 사람의 마음을 꿰뚫어 보는 능력), 신족통(神足通: 자유자재로 몸을 변화시키거나 원하는 것이 갈 수 있는 능력)의 세 가지 신통력을 더한 것이 육통(六神通)이다.

159 팔해탈八解脫: 멸진정滅盡定에 이르는 8단계 선정의 관법을 말하는데, 팔배사八背捨라고도 한다. 8단계의 선정 관법에 의하여 점차적으로 삼계의 오욕(五欲: 재財·색色·식食·명名·수욕睡欲)을 버리고 그 탐하여 고집하는 마음을 버리므로 팔배사背捨라고도 하고, 또 이것으로 말미암아 삼계의 번뇌를 끊고 아라한과를 증득하므로 팔해탈이라고도 한다.

136

者前 行者自見空中有聲 讚言善男女子 如汝善人 隨
자전 행자자견공중유성 찬언선남여자 여여선인 수

順三世諸佛教法 我來迎汝行者自見坐蓮華上 蓮華
순삼세제불교법 아래영여행자자견좌연화상 연화

即合 生於西方極樂世界 在寶池中 經於七日 蓮華乃
즉합 생어서방극락세계 재보지중 경어칠일 연화내

敷 華旣[160]敷已 開目合掌 讚嘆世尊 聞法歡喜 得須陀
부 화기 부이 개목합장 찬탄세존 문법환희 득수다

洹 經半劫已 成阿羅漢 是名中品中生者
원 경반겁이 성아라한 시명중품중생자

    중품의 중에 왕생하는 사람(中品中生者)이란, 만일 어떤 중생이 있어 하루 낮 하루 밤 동안 팔재계를 받아 지니거나 혹은 하루 낮 하루 밤이라도 사미계와 구족계를 지녀서 위의에 결함이 없게 하여, 이러한 공덕을 회향하여 극락국토에 왕생하기를 원하고 구하는 이를 말하느니라. 계의 향기가 몸에 배도록 닦아 익힌 이 같은 행자는 목숨이 마치려 할 때에 아미타불께서 많은 권속과 함께 금색 광명을 놓으시고 칠보로 된 연꽃을 들고 행자 앞에 오심을 볼 수 있느니라. 그때 행자는 스스로 허공에서 그를 칭찬하는 소리를 듣게 되는데, "선남자 선여인이여![161] 그대와 같이 착한 사람은 삼세의 모든 부처님께서 가르치신 법을 따랐으므로 내가

---

160 대정장에는 旣자가 卽으로 되어 있다.

161 『유심안락도』에는 "善男女子"로 나오지만 『관경』의 본문은 "善男子"로만 나온다.

와서 그대를 맞이하노라"라고 하시느니라. 이 말을 들은 행자는
스스로 연화대 위에 앉아 있음을 보게 되고, 연꽃이 곧 오므라들면
서방극락세계의 보배 연못 가운데 왕생하게 되느니라. 그리하여
칠일이 지나면 연꽃이 피는데, 그 연꽃이 피어나면 눈이 열려
합장하고 세존을 찬탄하고, 법을 듣고는 기뻐하며 수다원과를
얻고 반겁半劫이 지나면 아라한과를 성취하느니라. 이를 중품의
중에 왕생하는 사람이라고 하느니라.

⑥ 중품하생

中品下生者 若有善男子善女人 孝養父母 行世仁慈
중 품 하 생 자　약 유 선 남 자 선 여 인　효 양 부 모　행 세 인 자

此人命欲終時 遇善知識 為其廣說阿彌陀佛國土樂
차 인 명 욕 종 시　우 선 지 식　위 기 광 설 아 미 타 불 국 토 낙

事 亦說法藏比丘四十八大願 聞此事已 尋即命終 譬
사　역 설 법 장 비 구 사 십 팔 대 원　문 차 사 이　심 즉 명 종　비

如壯士屈伸臂頃 即生西方極樂世界 生經七日 遇觀
여 장 사 굴 신 비 경　즉 생 서 방 극 락 세 계　생 경 칠 일　우 관

世音及大勢至 聞法歡喜過一小[162]劫成阿羅漢是名中
세 음 급 대 세 지 문 법 환 희 과 일 소　 겁 성 아 라 한 시 명 중

品下生者
품 하 생 자

　중품의 하에 왕생하는 사람(中品下生者)이란, 만일 선남자 선여

138

인이 있어 부모에게 효도하고 세상에서 어질고 자비로움을 행하는 사람이 있어, 그가 목숨을 마치려 할 때에 선지식을 만나게 된다면 선지식이 그를 위하여 자세하게 아미타불 국토의 즐거운 일을 말해주며, 또 법장비구法藏比丘의 48대원[163]을 말해줄 것이니라.

---

163 사십팔대원四十八大願: 아미타불께서 법장비구法藏比丘로 수행하실 때에 세자재왕불世自在王佛 앞에서 세운 48가지 큰 서원. 중생 세계는 고통의 세계이기 때문에 법장비구는 이 48대원을 세워 극락세계를 건립하시고 모든 중생이 고통 세계를 떠나 서방극락정토에 왕생할 수 있도록 서원하셨다. 그 원願들 각각의 이름은 여러 가지가 있으나 세간에서 통용되고 있는 것을 말하면 다음과 같다.

① 악취무명원惡趣無名願: 극락에는 온갖 악취의 이름이 없기를 원함.
② 무타악도원無墮惡道願: 극락의 중생들은 다 악도에 떨어지지 아니하기를 원함.
③ 동진금색원同眞金色願: 극락의 중생들은 다 금색 몸빛을 이루기를 원함.
④ 형모무차원形貌無差願: 극락의 중생들은 그 모습이 같기를 원함.
⑤ 성취숙명원成就宿命願: 극락의 중생들은 다 숙명통을 성취하기를 원함.
⑥ 생획천안원生獲天眼願: 극락의 중생들은 다 천안통을 획득하기를 원함.
⑦ 생획천이원生獲天耳願: 극락의 중생들은 다 천이통을 획득하기를 원함.
⑧ 실지심행원悉知心行願: 극락의 중생들은 다 타심통을 얻기를 원함.
⑨ 신족초월원神足超越願: 극락의 중생들은 다 신족통을 얻기를 원함.
⑩ 정무아상원淨無我想願: 극락의 중생들은 다 누진통을 이루기를 원함.
⑪ 결정정각원決定正覺願: 극락의 중생들은 다 정각을 결정코 이루기를 원함.
⑫ 광명보조원光明普照願: 극락을 성취할 때 저(아미타불)의 광명이 모든 불국토를 비추기를 원함.
⑬ 수량무궁원壽量無窮願: 극락을 성취할 때 저의 수명이 끝이 없기를

원함.

⑭ 성문무수원聲聞無數願: 극락의 중생들은 다 성문이 무수히 많기를 원함.

⑮ 중생장수원衆生長壽願: 극락의 중생들은 다 중생의 수명이 장수하기를 원함.

⑯ 개획선명원皆獲善名願: 극락의 중생들은 다 착한 이름을 얻기 원함.

⑰ 제불칭찬원諸佛稱讚願: 극락을 성취할 때 모든 부처님께서 저를 칭찬하시기를 원함.

⑱ 십념왕생원十念往生願: 시방 중생이 아미타불을 열 번만 불러도 다 극락세계에 왕생하기를 원함.

⑲ 임종현전원臨終現前願: 시방 중생이 목숨이 마칠 때에 부처님이 그 앞에 나타나기를 원함.

⑳ 회향개생원廻向皆生願: 시방 중생이 극락으로 회향하면 다 왕생하기를 원함.

㉑ 구족묘상원具足妙相願: 극락의 중생들은 다 32상과 80종호를 갖추기를 원함.

㉒ 함계보처원咸階補處願: 극락에 왕생하는 보살들은 다 일생보처에 이르기를 원함.

㉓ 신공타방원晨供他方願: 극락의 보살들은 다 새벽마다 모든 부처님께 공양을 드리기를 원함.

㉔ 소수만족원所須滿足願: 극락의 보살들은 구하는 것마다 만족하기를 원함.

㉕ 선인본지원善人本知願: 극락의 보살들은 다 부처님의 근본지혜에 잘 들어가기를 원함.

㉖ 나라연력원那羅延力願: 극락의 보살들은 다 금강불괴신金剛不壞身을 얻기를 원함.

㉗ 장엄무량원莊嚴無量願: 극락의 중생들은 다 장엄이 한량없기를 원함.

㉘ 보수실지원寶樹悉知願: 극락의 중생들은 다 보배나무를 보고 모든 것을

알기를 원함.

㉙ 획승변재원獲勝辯才願: 극락의 중생들은 다 수승한 변론과 재주를 획득하기를 원함.

㉚ 대변무변원大辯無邊願: 극락의 중생들은 다 변재가 한량없기를 원함.

㉛ 국정보조원國淨普照願: 극락국토가 청정하여 온 세계를 비추기를 원함.

㉜ 무량승음원無量勝音願: 극락국토에 거룩한 음성이 항상 가득하기를 원함.

㉝ 몽광안락원蒙光安樂願: 극락을 성취할 때 시방 불국토 중생이 다 광명을 받고 안락을 누리기를 원함.

㉞ 성취총지원成就總持願: 극락을 성취할 때 시방 불국토 중생이 다 무생법인과 다라니를 성취하기를 원함.

㉟ 영리여신원永離女身願: 극락을 성취할 때 시방 불국토 여인이 영원히 여인의 몸을 떠나기를 원함.

㊱ 문명지과원聞名至果願: 극락을 성취할 때 시방 불국토 보살이 다 아미타불의 이름을 듣고 과를 얻기를 원함.

㊲ 천인경례원天人敬禮願: 극락을 성취할 때 하늘과 사람들이 공경하고 예배하기를 원함.

㊳ 수의수념원須衣隨念願: 극락의 중생들은 다 뜻대로 의복이 갖추어지길 원함.

㊴ 재생심정원(纔生心淨願, 受樂無念願): 극락의 중생들은 그 마음이 언제나 즐겁고 다른 근심이 없도록 원함.

㊵ 수현불찰원樹現佛刹願: 극락의 보살들이 보배나무 앞에서 원하는 대로 부처님의 국토를 보기를 원함.

㊶ 무제근결원無諸根缺願: 극락을 성취할 때 다른 국토 보살들이 다 육근이 구족 청정하길 원함.

㊷ 현증등지원現證等持願: 극락을 성취할 때 다른 국토 보살들이 다 청정한 해탈을 얻기를 원함.

이러한 이야기를 다 듣고 바로 목숨을 마치면 마치 힘센 장사가 팔을 굽혔다가 펴는 것과 같은 짧은 순간에 바로 서방극락세계에 왕생하게 되느니라. 왕생하고 칠일이 지나면 관세음보살과 대세지보살을 뵙고 법을 듣고는 기뻐하며, 일소겁—小劫을 지나면 아라한과를 성취하느니라. 이를 중품의 하에 왕생하는 사람이라고 하느니라. ……

⑦ 하품상생

下品上生者 或有眾生 作眾惡業 雖不誹謗方等經典
하 품 상 생 자 혹 유 중 생 작 중 악 업 수 불 비 방 방 등 경 전

如此愚人 多造眾惡 無有慚愧 命欲終時 遇善知識為
여 차 우 인 다 조 중 악 무 유 참 괴 명 욕 종 시 우 선 지 식 위

㊸ 문생호귀원聞生豪貴願: 극락을 성취할 때 다른 국토 보살들이 다음 생에 귀한 가문에 태어나기를 원함.

㊹ 구족선근원具足善根源: 극락을 성취할 때 다른 국토 보살들이 다 선근을 구족하기를 원함.

㊺ 공불견고원供佛堅固願: 극락을 성취할 때 다른 국토 보살들이 다 부처님을 받들 마음이 견고하기를 원함.

㊻ 욕문자문원欲聞自聞願: 극락의 보살들이 다 법문을 마음대로 듣기를 원함.

㊼ 고제무퇴원苦提無退願: 극락을 성취할 때 다른 국토 보살들이 다 불퇴전을 얻기를 원함.

㊽ 현획인지원現獲忍地願: 극락을 성취할 때 다른 국토 보살들이 무생법인을 얻기를 원함.

讚大乘十二部經首題名字　以聞如是諸經名故　除滅
찬 대 승 십 이 부 경 수 제 명 자　이 문 여 시 제 경 명 고　제 멸

千劫極重惡業　智者復教合掌叉手　稱南無阿彌陀佛
천 겁 극 중 악 업　지 자 부 교 합 장 차 수　칭 나 무 아 미 타 불

稱佛名故　除五十億劫生死之罪
칭 불 명 고　제 오 십 억 겁 생 사 지 죄

하품의 상에 왕생하는 사람(下品上生者)이란, 어떤 중생이 있어 여러 가지 악업을 짓고 비록 대승경전을 비방하지는 않았다 하더라도 이처럼 어리석은 사람은 숱하게 많은 악을 짓고도 뉘우치고 부끄러운 생각이 없느니라. 이런 사람이 목숨을 마치려고 할 때 선지식을 만나, 선지식이 그를 위하여 대승 12부 경전의 첫머리 제목을 찬탄하게 되는데, 이러한 여러 경전의 이름을 들은 까닭으로 천 겁 동안이나 지은 지극히 무거운 악업이 다 사라지느니라. 그리고 지혜로운 이가 그에게 다시 손을 모아 합장하고 '나무아미타불'을 부르도록 가르쳐 주면, 그가 아미타불의 명호를 부른 까닭으로 오십억 겁 동안 나고 죽으면서 지은 죄가 사라지느니라.

爾時彼佛　即遣化佛化觀世音化大勢至　至行者前讚
이 시 피 불　즉 견 화 불 화 관 세 음 화 대 세 지　지 행 자 전 찬

言 善男子 汝稱名[164]故 諸罪消滅 我來迎汝 作是語已
언 선 남 자 여 칭 명 고 제 죄 소 멸 아 래 영 여 작 시 어 이

---

164 속장경에는 名자가 佛자로 되어 있다.

行者即見化佛光明 徧滿其室 見已歡喜 即便命終乘
행자즉견화불광명 변만기실 견이환희 즉변명종승

寶蓮華 隨化佛後 生寶池中 經七七日 蓮華乃敷 當華
보련화 수화불후 생보지중 경칠칠일 연화내부 당화

敷時大悲觀世音菩薩 及大勢至[165] 放大光明 住其人前
부시대비관세음보살 급대세지 방대광명 주기인전

為說甚深十二部經 聞已信解 發無上道心 經十小劫
위설심심십이부경 문이신해 발무상도심 경십소겁

具百法明門 得入初地 是名下品上生者 得聞佛名法
구백법명문 득입초지 시명하품상생자 득문불명법

名 及聞僧名 聞三寶名 即得往生
명 급문승명 문삼보명 즉득왕생

그때 아미타불께서 곧 화신불과 화신 관세음보살과 대세지보살을 이 행자 앞에 보내 칭찬하여 말씀하시기를 "선남자여! 그대는 아미타불의 명호를 부른 까닭으로 모든 죄가 소멸되어 내가 와서 그대를 맞이하노라"라고 하시느니라. 이 말씀이 마치고 나면 바로 행자는 화신불의 광명이 두루 그 방에 가득함을 보느니라. 이를 보고 기뻐하며 문득 목숨을 마치게 되면 보배 연꽃을 타고 화신불의 뒤를 따라 보배 연못 가운데 왕생하느니라. 그리고 49일을 지나면 연꽃이 펴지는데, 연꽃이 펴질 그때에 대비하신 관세음보살과 대세지보살께서 큰 광명을 놓으시며 그 사람 앞에 머물러

---

165 한불전과 대정장에는 及大勢至란 문장이 없으나, 속장경과 『관무량수경』 원문에 의거하여 첨가하였다.

그 사람을 위하여 깊고 미묘한 12부경을 설하시느니라. 이 경을 듣고는 믿고 이해하여 위없는 도심道心을 일으키는데, 십소겁十小劫을 지나면 온갖 법을 밝게 깨닫는 지혜를 갖추어 초지(初地: 환희지)에 들어가느니라. 이를 하품의 상에 왕생하는 사람이라고 하느니라. 이는 부처님의 명호를 듣고 법의 이름을 듣고 승가의 이름을 듣는 등 삼보의 이름을 들은 것으로 바로 극락세계에 왕생하는 경우이니라. ……

⑧ 하품중생

下品中生者 或有眾生 毀犯五戒八戒 及具足戒 如是
하 품 중 생 자 혹 유 중 생 훼 범 오 계 팔 계 급 구 족 계 여 시

愚人 偸僧祇物 盜現前僧物 不淨說法 無有慙愧 以諸
우 인 투 승 기 물 도 현 전 승 물 부 정 설 법 무 유 참 괴 이 제

惡業而自莊嚴 如此罪人 以惡業故 應墮地獄 命欲終
악 업 이 자 장 엄 여 차 죄 인 이 악 업 고 응 타 지 옥 명 욕 종

時 地獄眾火一時俱至 遇善知識 以大慈 為說阿彌陀
시 지 옥 중 화 일 시 구 지 우 선 지 식 이 대 자 위 설 아 미 타

佛十力威德 廣說彼佛光明神力亦 讚戒定慧解脫 解
불 십 력 위 덕 광 설 피 불 광 명 신 력 역 찬 계 정 혜 해 탈 해

脫知見 此人聞已 除八十億劫生死之罪 地獄火[166]化為
탈 지 견 차 인 문 이 제 팔 십 억 겁 생 사 지 죄 지 옥 화 화 위

清涼風吹諸天華 華上皆有化佛菩薩迎接[167] 一念頃即
청 량 풍 취 제 천 화 화 상 개 유 화 불 보 살 영 접 일 념 경 즉

---

166 대정장에는 火자 앞에 猛자가 있어 猛火로 되어 있다.

167 속장경에는 迎接 뒤에 此人如란 문장이 부기되어 있다.

得往生 七寶池中蓮華之內 經於六劫 蓮華乃敷 觀世
득 왕 생 칠 보 지 중 연 화 지 내 경 어 육 겁 연 화 내 부 관 세

音大勢至 以梵音聲安慰彼人 為說大乘甚深經典 聞
음 대 세 지 이 범 음 성 안 위 피 인 위 설 대 승 심 심 경 전 문

此法己 應時即發無上道心 是名下品中生者
차 법 이 응 시 즉 발 무 상 도 심 시 명 하 품 중 생 자

하품의 중에 왕생하는 사람(下品中生者)이란, 혹 어떤 중생이 있어 5계, 8계 및 구족계를 범하는 경우로서, 이와 같이 어리석은 사람은 승단의 공유물을 훔치거나 눈앞에서 승려의 물건을 훔치며, 청정하지 못하게 법을 말하면서도 뉘우치거나 부끄러워함이 없으며, 갖가지 악업을 저지르고도 스스로 엄숙한 척 꾸미는 사람이니라. 이와 같은 죄인은 악업으로 인하여 마땅히 지옥에 떨어지느니라. 그래서 목숨이 마치려고 할 때 지옥의 모든 불길이 한꺼번에 몰려들게 되느니라. 그러나 이때 선지식을 만나, 선지식이 큰 자비로써 이 사람을 위하여 아미타불의 십력十力[168]의 위덕威德

---

168 십력十力: 부처님께만 있는 열 가지 심력心力. ①처비처지력處非處智力: 도리에 계합契合하고 계합되지 못함을 분명히 아는 불지력佛智力, ②업이숙지력業異熟智力: 어떤 업인業因으로 어떤 과보를 받을 것인가를 명료하게 아는 불지력, ③정려해탈등지등지지력靜慮解脫等持等至智力: 일체의 모든 선삼매禪三昧를 아는 불지력, ④근상하지력根上下智力: 중생의 근기와 성품의 상하가 같지 않고 득과가 크고 작은 것을 분명히 아는 불지력, ⑤종종승해지력種種勝解智力: 중생들이 원하는 가지가지의 원이나 바깥 경계에 대하여 품고 있는 견해를 밝게 아는 불지력, ⑥종종계지력種種界知力: 중생들이 가지고 있는 가지가지의 성질을 다 아는 불지력, ⑦편취행지

을 설하고, 널리 저 부처님의 광명과 신통력을 설하며, 또한 계戒와 정定과 혜慧와 해탈解脫 및 해탈지견解脫知見을 찬탄할 때 그 사람 이 듣게 되면 곧 80억 겁 동안 지은 생사의 죄가 없어지고 지옥의 맹렬한 불길은 맑고 시원한 바람으로 변하며 갖가지 하늘 꽃이 날리느니라. 그리고 꽃 위에는 모든 화신불과 화신보살들이 계시 어 그 사람을 맞이하실 것이니라. 그러면 한 생각 사이에 곧바로 칠보 연못 가운데의 연꽃 속에 왕생하느니라. 연꽃 속에서 6겁이 지나면 연꽃이 열리는데, 이때 관세음보살과 대세지보살께서 청 정한 음성(梵音聲)으로 그 사람을 편안하게 위로하고 그를 위하여 대승의 깊고 미묘한 경전을 설하시느니라. 그 사람은 법을 듣고 곧바로 위없는 도의 마음을 발하느니라. 이를 하품의 중에 왕생하 는 사람이라고 하느니라. ……

⑨ 하품하생

下品下生者 或有眾生 作不善業 五逆十惡 具諸不善
하 품 하 생 자　혹 유 중 생　작 불 선 업　오 역 십 악　구 제 불 선

如此愚人 以惡業故 應墮惡道 經歷多劫 受苦無窮 如
여 차 우 인　이 악 업 고　응 타 악 도　경 력 다 겁　수 고 무 궁　여

력遍趣行智力: 일체중생이 지은 바의 업대로 나아가는 그 행위의 결과를 다 아는 불지력, ⑧숙주수념지력宿住隨念智力: 지난 세상의 일을 다 아는 불지력, ⑨숙주사생지력宿住死生智力: 중생들이 나고 죽을 때와 아울러 중생들의 과거를 다 아는 불지력, ⑩누진지력漏盡智力: 모든 번뇌를 끊고 생사의 속박을 벗어나는 줄 아는 불지력.

此愚人 臨命終時 遇善智識 種種安慰 爲說妙法 教令
차 우 인 임 명 종 시 우 선 지 식 종 종 안 위 위 설 묘 법 교 령

念佛 彼人苦逼 不能念佛 善友告言 汝若不能念者 應
염 불 피 인 고 핍 불 능 염 불 선 우 고 언 여 약 불 능 염 자 응

稱無量壽佛 如是至心 如是令聲不絶 具足十念 稱南
칭 무 량 수 불 여 시 지 심 여 시 영 성 부 절 구 족 십 념 칭 나

無阿彌陀佛 稱佛名故 於念念中除八十億劫生死之
무 아 미 타 불 칭 불 명 고 어 염 념 중 제 팔 십 억 겁 생 사 지

罪 命終之後 見金蓮華 猶如日輪住其人前 如一念頃
죄 명 종 지 후 견 금 련 화 유 여 일 륜 주 기 인 전 여 일 념 경

即得往生極樂世界 於蓮華中 滿十二大劫 蓮華方開
즉 득 왕 생 극 락 세 계 어 연 화 중 만 십 이 대 겁 연 화 방 개

觀世音大勢至 以大悲音聲爲其廣說諸法實相 除滅
관 세 음 대 세 지 이 대 비 음 성 위 기 광 설 제 법 실 상 제 멸

罪法 聞已歡喜 應時即發菩提之心
죄 법 문 이 환 희 응 시 즉 발 보 리 지 심

하품의 하에 왕생하는 사람(下品下生者)이란, 어떤 중생이 있어 착하지 못한 없인 오역죄와 열 가지 악을 지으며 갖가지 착하지 못함을 갖춘 경우로서, 이와 같이 어리석은 사람은 악업 때문에 마땅히 악도에 떨어져 오랜 겁 동안 한없는 고통을 받느니라. 이와 같이 어리석은 사람이 목숨이 마치려고 할 때 선지식을 만나, 선지식이 여러 가지로 편안하게 위로하고 그를 위하여 미묘한 법을 설해주며 부처님을 생각하도록 가르치느니라. 그러나 그 사람은 고통이 시달려 염불을 할 수 없는데, 선지식이 말하기를

148

"그대가 만일 부처님을 생각할 수 없다면 마땅히 무량수불을 부르
도록 하라'고 권고하느니라. 그가 이와 같이 지극한 마음으로
소리가 끊어지지 않게 하여 나무아미타불을 열 번만 온전히 부르
면, 부처님의 명호를 부른 까닭에 염불하는 동안에 80억 겁 동안
지은 생사의 죄가 없어지고, 목숨이 마친 뒤에는 마치 태양과
같은 황금 연꽃이 그 사람 앞에 머무는 것을 보게 되고, 한 생각
사이에 곧 극락세계의 연꽃 가운데 왕생하느니라. 연꽃 속에서
12겁을 지나면 연꽃이 비로소 열리는데, 이때 관세음보살과 대세
지보살이 크게 자비로운 음성으로 그를 위하여 널리 모든 법의
실상과 죄를 없애는 법을 설하여 주느니라. 그 사람은 이 법문을
듣고 크게 기뻐하여 곧바로 보리의 마음을 발하느니라."[169]

2) 『관경』 구품왕생의 두 가지 해석

解云 總分九品 略有二家 一釋 此之九品 並是十信菩
해운 총분구품 약유이가 일석 차지구품 병시십신보

薩 約進約退 造善造惡 昇降不同 分成九品 初三人是
살 약진약퇴 조선조악 승강부동 분성구품 초삼인시

十信位 從本不退直趣入者 行有淺深 成上三品 中三
십신위 종본불퇴직취입자 행유천심 성상삼품 중삼

品人 退大乘心 發小乘意 退大乘行 修小乘業 行有淺
품인 퇴대승심 발소승의 퇴대승행 수소승업 행유천

---

169 이상의 인용문이 『관무량수경』의 인용이다.

深 成中品三 下三品人 退大乘心 趣生死流 退大乘行
심 성중품삼 하삼품인 퇴대승심 취생사류 퇴대승행

造生死罪 罪有重輕 成下品三
조 생사죄 죄유중경 성하품삼

    (위의 『관무량수경』을 인용한 것을) 풀이해서 말하자면, 전체적으로 구품九品으로 나누어 말씀하셨는데, 간략하게 해석하면 두 가지가 있다.

    첫 번째 해석은, 이 구품은 십신十信 보살이 수행과정에서 혹은 나아가고 혹은 물러나며, 선을 짓기도 하고 악을 짓기도 하여 오르고 내림이 같지 않은 것을 구품으로 나눈 것이다.

    처음 삼품三品의 사람은 십신의 지위에서 본래부터 물러나지 않고 곧바로 들어가는 사람으로, 그 수행에 얕고 깊음이 있어 상上의 삼품을 이룬 것이다. 중삼품中三品의 사람은 대승의 마음에서 물러나 소승의 뜻을 발하며, 대승의 수행에서 물러나 소승의 업을 닦는데, 그 수행에 얕고 깊음이 있어 중中의 삼품을 이룬 것이다. 하삼품下三品의 사람은 대승의 마음에서 물러나 생사의 흐름에 나아가고, 대승의 수행에서 물러나 생사의 죄를 짓는데, 죄에 무겁고 가벼움이 있어 하下의 삼품을 이룬 것이다.

二釋 言發大菩提心 修行菩薩行 行有淺深 成上三品
이석 언발대보리심 수행보살행 행유천심 성상삼품

發菩提心 修行聲聞行 行有淺深 成中三品 不發大小
발보리심 수행성문행 행유천심 성중삼품 불발대소

二乘心 不修大小二乘行 唯趣生死心 唯造生死罪 造
이승심 불수대소이승행 유취생사심 유조생사죄 조

罪重輕 成下三品 此則麁分九品也
죄중경 성하삼품 차즉추분구품야

두 번째 해석은, 큰 보리심을 발하여 보살의 행을 닦음에 있어 수행의 얕고 깊음이 있기 때문에 상上의 삼품을 이룬다. 보리심을 발하여 성문의 행을 닦음에 있어 수행의 얕고 깊음이 있기 때문에 중中의 삼품을 이룬다. 대승과 이승二乘의 마음을 발하지 않고 대승과 이승의 행을 닦지 않으면서 오직 생사의 마음으로 치달리며 오직 생사의 죄를 짓는 데 있어 죄의 무겁고 가벼움에 따라 하下의 삼품을 이룬다. 이것은 곧 구품을 거칠게 나눈 것이다.

若細別論 上品上生者 發三種心 則起信論曰 信成就
약세별론 상품상생자 발삼종심 즉기신론왈 신성취

發心位在十信終心也 生彼便得無生法忍者 是謂緣
발심위재십신종심야 생피변득무생법인자 시위연

觀無生忍 以本業經說 無生忍在解位故 上品中生者
관무생인 이본업경설 무생인재해위고 상품중생자

位在十信初 此間一劫是彼一日故 經一小劫 得無生
위재십신초 차간일겁시피일일고 경일소겁 득무생

忍者 謂證理無生忍 則當初地也
인자 위증리무생인 즉당초지야

만일 세분하여 각각을 논하면 다음과 같다.

상품의 상에 왕생(상품상생)하는 사람은 세 가지 마음[170]을 발해야 한다. 즉 『기신론』에서 말하기를 "믿음을 성취하여 발심하는 지위는 십신十信의 마지막 마음에 있다"[171]라고 하였다. 극락에 왕생하면 바로 무생법인을 얻는 것을 일러 연관무생인緣觀無生忍[172]이라 말한다. 왜냐하면 『본업경本業經』에서 "무생인은 해위解

---

170 삼종심三種心: 『관무량수경』에 따르면 세 가지 마음(三心)이란 지성심至誠心, 심심深心, 회향발원심迴向發願心이다. 한편, 『대승기신론』에는 믿음을 성취하여 마음을 발하는 이의 세 가지 마음이 나오는데, 원문은 다음과 같다. "믿음을 성취하여 마음을 발한다는 것은 어떠한 마음을 발한다는 것인가? 간략히 세 가지로 설함이니 어떤 것을 셋이라 하는가? 첫째는 곧은 마음이니 올바른 진여의 법을 생각하는 까닭이다. 둘째는 깊은 마음이니 즐거이 일체의 모든 선행을 모으는 까닭이다. 셋째는 대비심이니 일체중생의 괴로움을 빼어 주고자 하는 까닭이다(信成就發心者 發何等心 略說有三種 云何爲三 一者 直心 正念眞如法故 二者 深心 樂集一切諸善行故 三者 大悲心 欲拔一切衆生苦故)."

171 십신의 마지막 마음은 초주初住에 해당한다. 천태의 가르침에 의하면 원교圓敎의 초주에 들면 불퇴전을 얻는다고 하였다. 위 인용문은 『대승기신론』에 그대로 나오지는 않으나, 이에 상당하는 원문은 다음과 같다. "이와 같이 신심을 성취하여 발심함을 얻는 자는 정정취에 들어가 끝내 물러나지 않는다(如是信心成就得發心者 入正定聚 畢竟不退)."

172 연관무생인緣觀無生忍: 4무생법인의 하나로 관찰 대상경계인 연緣과 그것을 비추어보는 지혜의 관이 모두 공적하고 무생인 인忍을 가리킨다. 가재迦才의 『정토론淨土論』에는 4무생법인에 대해 다음과 같이 설명되어 있다. "무생법인은 네 가지가 있으니 첫째는 가르침에 연하는 까닭에 무생법인을 얻는 것(연교득무생법인緣敎得無生法忍)이니, 이는 일체 범부와 십신위로

位[173]에 있다"고 말씀하셨기 때문이다.

상품의 중에 왕생(상품중생)하는 사람은 십신의 초위(初位, 信心位)에 있는데, 이 사바세계의 일겁은 저 극락에서는 하루가 되기 때문이다. 일소겁一小劫을 지나서 무생인을 얻는다는 것을 증리무생인(證理無生忍: 앞의 주 참조)이라 하는데, 이는 곧 초지初地에 해당한다.

上品下生者 是十信以前 信皈三寶 受菩薩戒以去是
상 품 하 생 자 시 십 신 이 전 신 귀 삼 보   수 보 살 계 이 거 시

서 대승경론을 독송하여 무생을 지어 이해하여 문혜聞慧를 얻은 사람이다. 둘째는 관을 연하여 무생법인을 얻는 것(연관득무생법인緣觀得無生法忍)이니, 십해十解 이상에서 십회향까지로서 삼무성三無性을 지어 관하여 만법이 무생함을 이해하므로 사혜思慧를 얻은 사람이다. 셋째는 이치를 증득하여 무생법인을 얻는 것(증리득무생법인證理得無生法忍)이니, 초지 이상으로 법계에 가득한 이공진여二空眞如를 증득하였으므로 수혜修慧를 얻은 사람이다. 넷째는 지위에 의거하여 무생법인을 얻는 것(약위득무생법인約位得無生法忍)이니, 8지 이상으로 진과 속 모두를 두루 행하므로 공용의 지혜가 없으므로 수혜의 사람이다(無生法忍 亦有四種 一緣教故 得無生法忍 謂一切凡夫 及十信位人 讀大乘經論 作無生解 是聞慧 二緣觀得無生法忍 謂十解已上乃至十向 謂作三無性觀 解萬法無生 是思慧 三證理得無生法忍 謂初地已上 由證遍滿法界二空如 是修慧 四約位得無生法忍 謂八地已上 由得俗雙行 是無功用智 是修慧也)."

173 보살의 수행 계위 가운데 제11위로부터 제20위까지의 지위로 십주위十住位라고도 한다.

也 以亦信因果 不謗大乘 但發無上道心 故七日之中
야 이역신인과 불방대승 단발무상도심 고칠일지중

唯見佛身 而心不了 三七日後了了見聞者 謂此人未
유견불신 이심불료 삼칠일후료료견문자 위차인미

得依業識門而見如來故 三七日後 方入十解 見佛唯
득의업식문이견여래고 삼칠일후 방입십해 견불유

從心起故 經三小劫位[174]歡喜地者 謂彼小劫當此僧祇
종심기고 경삼소겁위 환희지자 위피소겁당차승기

所以中品經一小劫 下品經三小劫 同入初地者 以勝
소이중품경일소겁 하품경삼소겁 동입초지자 이승

解行地諸菩薩者 根有利鈍 行亦勤怠故 唯長短異 而
해행지제보살자 근유이둔 행역근태고 유장단이 이

功行等 下餘品中准之可知
공행등 하여품중준지가지

　　상품의 하에 왕생(상품하생)하는 사람은 십신의 이전이다. 삼보를 믿고 귀의하여 보살계를 받는 것이 이것이다. 또한 인과를 믿고 대승을 비방하지 않으며 오직 위없는 도의 마음(道心)을 일으키는 까닭에 7일 동안에 다만 부처님 색신은 뵐 수 있다. 그러나 마음은 명료하지 못하다가 21일이 지난 뒤에야 명료하게 보고 들을 수 있게 되는 것은, 이른바 이 사람은 업식의 문(業識門)에 의해 여래를 뵐 수 없다가 21일 뒤에야 비로소 십해(十解: 十住位)에 들게 되어 부처님을 뵙게 되는 것을 말한다. 이는 오직 마음으로부터 일어나기 때문이다. 삼소겁三小劫을 지나 환희지

---

174 대정장에는 位자가 住로 되어 있다.

(初地)에 머문다는 것은, 이른바 저 극락의 소겁은 이 사바세계의
아승지겁에 해당되므로 상품의 중은 일소겁을 지나고 상품의
하는 삼소겁이 지나야 함께 초지에 들게 된다는 것을 말한다.

왜냐하면 수승한 십해, 십행, 십지의 모든 보살들은 근기에
예리함과 둔함이 있고 행에도 역시 부지런함과 게으름이 있는
까닭이다. 다만 시간의 길고 짧음은 다르지만 그 공덕이나 수행은
같다. 아래의 여러 품계도 이를 미루어 보면 알 수 있다.

中三品內 上者是㷿¹⁷⁵頂忍決擇分位也 中品者 前三方
중 삼 품 내 상 자 시 유　　정 인 결 택 분 위 야 중 품 자 전 삼 방

便解脫分也 下品者 五停以前趣善凡夫 此三品人並
편 해 탈 분 야　하 품 자　오 정 이 전 취 선 범 부　차 삼 품 인 병

是現般 但以生便半劫分為三品耳
시 현 반　단 이 생 편 반 겁 분 위 삼 품 이

중의 삼품(중품중생) 가운데서 상품은 난媛, 정頂, 인忍¹⁷⁶인
결택분決擇分¹⁷⁷의 지위이며, 중품은 앞의 세 가지 방편의 해탈분解

---

175 유㷿: 따뜻할 유. 난媛과 같다.

176 난媛, 정頂, 인忍: 보살의 계위인 5위(자량위資糧位·가행위加行位·통달위通達
位·수습위修習位·구경위究竟位) 가운데 가행위에 해당되는 4위(난媛·정頂·
인忍·세제일世第一) 중의 세 가지를 말한다. 난위媛位는 불길에 따뜻함을
느끼는 것처럼 무루無漏의 불에 번뇌가 사라지는 계위이다. 정위頂位는
최고의 선근을 일으키는 절정의 계위이며, 인위忍位는 일으킨 선근이
완전히 결정되어 부동하는 계위를 말한다.

脫分이고, 하품은 오정심五停心[178] 이전에 착한 길로 나아가는 범부
이다. 이 삼품의 사람은 다 같이 현재 열반에 드는 지위(現般)[179]인
데, 다만 기간을 반겁半劫으로 나누어 삼품으로 나누었을 뿐이다.

下三品者 總是一切趣惡凡夫 造眾惡逆 輕重不同 遇
하 삼 품 자 총 시 일 체 취 악 범 부 조 중 악 역 경 중 부 동 우

緣聞法滅罪 有成三品 更無位別
연 문 법 멸 죄 유 성 삼 품 갱 무 위 별

---

177 결택분決擇分: 사선근위四善根位, 즉 사가행위四加行位를 말한다. 사가행위
는 보살의 계위를 57위로 볼 때 십회향 다음의 제5위에 해당된다. 여기에
난煖·정頂·인忍·세제일위世第一位의 4위가 있다.

178 오정五停: 오정심五停心 또는 오도관문五度觀門·오도문五度門·오문선五門
禪·오문五門·오관五觀·오념五念 등이라고도 한다. 마음의 다섯 가지 과실
을 정지시키는 다섯 가지 종류의 관법. ①부정관不淨觀: 탐욕을 다스리기
위하여 육신의 부정한 상태와 모양을 관찰하는 관법. ②자비관慈悲觀:
화를 잘 내는 사람이 일체중생을 보고 자비심을 일으켜 성냄을 없애기
위하여 닦는 관법. ③인연관因緣觀: 어리석음이 많은 사람이 닦는 관법.
12인연이 삼세의 인과로 상속하는 도리를 관하여 어리석음을 없애는
관법. ④계분별관戒分別觀: 세계가 형성되고 없어지는 과정(生·住·異·滅)
을 보아 일체가 무상하다는 것을 관하는 관법. ⑤수식관數息觀: 내쉬는
숨과 들이쉬는 숨을 세어 마음의 산란을 방지하는 관법. 여기에 ④번인
계분별관戒分別觀은 ③번의 인연관과 서로 비슷하므로 관불관(觀佛觀:
부처님을 관상觀想하는 관법)을 더하여 오관五觀이라고도 한다.

179 현반現般: 현반열반現般涅槃의 준말. 색계나 무색계에 나지 않고 욕계에
머물면서 열반에 드는 자를 말한다. 소승의 불환과도 여기에 해당한다.

156

하의 삼품(하품)의 사람은 모두가 악한 길로 나아가는 범부로서 여러 십악과 오역죄를 짓는데 죄의 가볍고 무거움이 같지 않다. 인연을 만나 법문을 듣고 죄를 소멸하기에 삼품을 이루며, 그 외 다른 지위의 구별은 없다.

3) 『무량수경』의 삼배왕생

若依無量壽經 總說三品 如彼經說
약 의 무 량 수 경 총 설 삼 품 여 피 경 설

佛告阿難 其有衆生生彼國者 皆悉住於正定聚 所以
불 고 아 난 기 유 중 생 생 피 국 자 개 실 주 어 정 정 취 소 이

者何 彼佛國中 無諸邪聚 及不定聚 十方恒沙諸佛如
자 하 피 불 국 중 무 제 사 취 급 부 정 취 시 방 항 사 제 불 여

來 皆共讚嘆無量壽佛 威神功德 不可思議 諸有衆生
래 개 공 찬 탄 무 량 수 불 위 신 공 덕 불 가 사 의 제 유 중 생

聞其名號 信心歡喜 乃至一念至心迴向 願生彼國 即
문 기 명 호 신 심 환 희 내 지 일 념 지 심 회 향 원 생 피 국 즉

得往生 住不退轉 唯除五逆誹謗正法
득 왕 생 주 불 퇴 전 유 제 오 역 비 방 정 법

만약 『무량수경』에 의거하면 전체적으로 삼품을 말씀하시고 있는데, 그 경에서 설하신 것과 같다.[180]

---

180 아래에서는 『불설무량수경』의 삼배왕생 원문을 길게 인용하고 있다.

부처님께서 아난에게 말씀하셨다.

"저 극락세계에 왕생하는 중생은 모두 다 정정취[181]에 머무느니라. 무슨 까닭이냐? 저 부처님 나라에는 모든 사정취와 부정취가 없기 때문이니라. 시방의 항하 모래 수와 같은 모든 부처님 여래께서 다 함께 무량수불의 위신력과 공덕이 불가사의하심을 찬탄하시느니라. 어떤 중생이든지 무량수불의 명호를 듣고는 마음으로 믿고 기뻐하여 한 생각이라도 지극한 마음으로 회향하여 저 극락에 왕생하기를 원하면 곧 왕생하여 불퇴전에 머물게 되느니라. 다만 오역죄를 범했거나 정법正法을 비방한 자는 제외되느니라."

(1) 상배자

佛告阿難 十方世界 諸天人民 其有至心願生彼國 凡
불 고 아 난 시 방 세 계 제 천 인 민 기 유 지 심 원 생 피 국 범

有三輩 其上輩者 捨家棄欲而作沙門 發菩提心 一向
유 삼 배 기 상 배 자 사 가 기 욕 이 작 사 문 발 보 리 심 일 향

專念無量壽佛修諸功德[182] 願生彼國 此眾生臨壽終時
전 념 무 량 수 불 수 제 공 덕 원 생 피 국 차 중 생 임 수 종 시

---

181 정정취正定聚: 삼정취三定聚의 하나. 사람의 성질, 근기를 셋으로 나눈 것. ①정정취: 향상진보向上進步하여 결정코 성불할 중생. ②사정취邪定聚: 성불할만 한 소질이 없어 더욱 타락하여 가는 종류. ③부정취不定聚: 인연이 있으면 성불할 수 있고 인연이 없으면 미迷할 한 부류로서 진보와 타락에 결정이 되지 않는 중생을 말한다.

182 한불전에는 功能으로 나와 있으나, 대정장본과 『무량수경』 원문에 의거하

無量壽佛與諸大衆現其人前　即隨彼佛往生其國　便
무 량 수 불 여 제 대 중 현 기 인 전　즉 수 피 불 왕 생 기 국　변

於七寶華中　自然化生　住不退轉　智慧勇猛神通自在
어 칠 보 화 중　자 연 화 생　주 불 퇴 전　지 혜 용 맹 신 통 자 재

是故阿難　其有衆生　欲於今世見無量壽佛　應發無上
시 고 아 난　기 유 중 생　욕 어 금 세 견 무 량 수 불　응 발 무 상

菩提心　修行功德　願生彼國
보 리 심　수 행 공 덕　원 생 피 국

부처님께서 아난에게 말씀하셨다.

"시방세계의 모든 하늘사람과 인간들이 지극한 마음으로 저 나라에 왕생하기를 원하는 데에는 대개 세 가지 부류가 있느니라.

그 상배자上輩者란 집을 나와 욕심을 버리고 사문이 되어 보리심을 발하여 오로지 한결같은 마음으로 무량수불만을 생각하며 여러 공덕을 닦아 저 극락에 왕생하기를 원하는 사람들이니라. 이러한 중생이 목숨을 마칠 때에는 무량수불께서 여러 대중과 함께 그 사람 앞에 나타나시느니라. 그러면 그는 바로 그 부처님을 따라 저 극락에 왕생하여 바로 칠보 연꽃 가운데 자연히 화생化生하여 불퇴전의 경지에 머물며, 지혜와 용맹과 신통이 자재하게 되느니라. 그러므로 아난아, 어떤 중생이든지 이 세상에서 무량수불을 뵙고자 한다면 마땅히 위없는 보리심을 발하여 공덕을 닦아 저 극락에 왕생하기를 발원해야 하느니라."

여 功德으로 바꾸었다.

(2) 중배자

佛語阿難 其中輩者 十方世界諸天人民 其有至心願
불 어 아 난　기 중 배 자　시 방 세 계 제 천 인 민　기 유 지 심 원

生彼國 雖不能行作沙門 大修功德 當發無上菩提之
생 피 국　수 불 능 행 작 사 문　대 수 공 덕　당 발 무 상 보 리 지

心 一向專念無量壽佛 多少修善 奉持齋戒 起立塔像
심　일 향 전 념 무 량 수 불　다 소 수 선　봉 지 재 계　기 립 탑 상

飮食沙門 懸繒燃燈 散華燒香 以此迴向 願生彼國 其
음 식 사 문　현 증 연 등　산 화 소 향　이 차 회 향　원 생 피 국　기

人臨終 無量壽佛化現其身 光明相好 具如真佛 與諸
인 임 종　무 량 수 불 화 현 기 신　광 명 상 호　구 여 진 불　여 제

大眾現其人前 即隨化佛往生其國 住不退轉 功德智
대 중 현 기 인 전　즉 수 화 불 왕 생 기 국　주 불 퇴 전　공 덕 지

慧 次[183]如上輩者也
혜　차　　여 상 배 자 야

부처님께서 아난에게 말씀하셨다.

"그 중배자中輩者란 시방세계의 모든 하늘사람과 인간 가운데
지극한 마음으로 저 나라에 왕생하기를 원하는 자로서 비록 사문이
되어 크게 공덕을 닦지는 못하더라도 마땅히 위없는 보리심을
발하여 오로지 일념으로 무량수불을 생각하며, 얼마간의 선행善行
을 닦고, 삼가 계戒를 받들어 지니며, 탑을 세우고 불상을 조성하
고, 스님들께 공양도 올리고, 비단으로 된 깃발을 걸고 등불을

---

183 대정장과 속장경에는 次가 以로 되어 있다.

160

밝히며 꽃을 뿌리고 향을 사르며, 이러한 공덕을 회향하여 저 극락에 왕생하기를 원하는 이들이니라. 그 사람이 목숨을 마칠 때에는 무량수불께서 화신을 나투시는데 상호와 광명이 실제의 참 부처님과 같으시며, 여러 대중과 함께 그 사람 앞에 나타나시느니라. 그러면 그는 바로 화신불을 따라 저 극락에 왕생하여 불퇴전의 경지에 머물게 되는데, 그 공덕과 지혜는 상배의 다음이 되느니라."

(3) 하배자

佛語阿難 其下輩者 十方世界諸天人民 其有至心欲
불 어 아 난　기 하 배 자　시 방 세 계 제 천 인 민　기 유 지 심 욕

生彼國 假使不能作諸功德 當發無上菩提之心 一向
생 피 국　가 사 불 능 작 제 공 덕　당 발 무 상 보 리 지 심　일 향

專意 乃至十念 念無量壽佛 願[184]生其國 若聞深法 歡
전 의　내 지 십 념　염 무 량 수 불 원　생 기 국　약 문 심 법 환

喜信樂 不生疑惑 乃至一念 念於彼佛 以至誠心願生
희 신 락　불 생 의 혹　내 지 일 념　염 어 피 불　이 지 성 심 원 생

其國 此人臨終 夢見彼佛 亦得往生 功德智慧 次如中
기 국　차 인 임 종　몽 견 피 불　역 득 왕 생　공 덕 지 혜　차 여 중

輩者也
배 자 야

---

184 한불전에는 欲자로 되어 있으나, 대정장본과 『무량수경』 원문에 의해 願자로 바꾸었다.

부처님께서 아난에게 말씀하셨다.

"그 하배자下輩者란 시방세계의 모든 하늘사람과 인간 가운데 지극한 마음으로 저 나라에 왕생하기를 원하는 자로서 설사 여러 가지 공덕은 짓지 못하더라도, 마땅히 위없는 보리심을 발하여 오로지 한결같은 마음으로 내지 열 번만이라도 무량수불을 생각(十念)하여 그 나라에 왕생하기를 원하는 이들이니라. 또는 깊은 법을 듣고는 환희심으로 기꺼이 믿고 의혹을 내지 않으며, 내지 한 생각이라도 저 부처님을 생각하여 지극한 마음으로 저 극락에 왕생하기를 원하는 이들이니라. 이 사람이 목숨을 마칠 때에는 꿈에서 저 부처님을 뵙고 역시 왕생하게 되는데, 그 공덕과 지혜는 중배의 다음이 되느니라."[185]

4) 정토왕생에 있어 범부는 정생正生, 성인은 겸생兼生

當熟思之[186] 能於其中 端心正行 舉要言之 三乘聖人
당숙사지　　능어기중 단심정행 거요언지 삼승성인

及地前三賢 並二乘七方便發心以去 假名菩薩 乃至
급지전삼현 병이승칠방편발심이거 가명보살 내지

方便道前 四眾男女 無根二根 至於龍鬼八部 但能發
방편도전 사중남녀 무근이근 지어용귀팔부 단능발

---

185 이상의 인용문이 『무량수경』 경문의 인용이다.

186 대정장에는 當熟之 思之로 되어 있다.

162

菩提心 專念阿彌陀佛 厭惡穢剎 欣樂淨土 臨命終時
보리심 전념아미타불 염악예찰 흔락정토 임명종시

正念現前者 皆得往生也
정념현전자 개득왕생야

　이러한 것들을 마땅히 심사숙고하여 그 가운데서 마음을 단정히
하고 행동을 바르게 해야 한다. 요점을 들어 이를 말하면, 삼승의
성인과 십지 이전의 삼현(三賢: 십주, 십행, 십회향위에 있는 보살)
및 이승二乘이 일곱 가지 방편[187]으로 발심하여 닦아 나아가는
이들을 임시로 보살이라 하는데, 이 보살과 내지는 방편도 이전의
사중(四衆: 비구, 비구니, 우바새, 우바이)의 남녀와 무근(無根:
생식기가 없는 자)과 이근(二根: 생식기가 둘인 자)에서 천룡, 야차,
아수라, 가루라, 건달바, 긴나라, 마후라가 등 팔부중에 이르기까
지 능히 보리심을 발하여 오직 아미타불만 생각하고, 악하고 더러
운 예토를 싫어하고 깨끗한 극락정토를 좋아하면, 이 사람은 목숨
을 마칠 때에 올바른 생각이 앞에 나타나 모두 다 왕생할 수
있다.

---

187 일곱 가지 방편(七方便): 성문이 견도見道에 들어가기 전의 일곱 계위.
　　칠방편위七方便位·칠현七賢·칠현위七賢位·칠가행위七加行位라고도　한
　　다. 칠방편은 오정심관五停心觀, 별상념주別相念住, 총상념주總相念住, 난법
　　煖法, 정법頂法, 인법忍法, 세제일법世第一法이다.

若勇猛精進 觀行分明 臨終最後心不亂者 並得上生
약 용 맹 정 진　관 행 분 명　임 종 최 후 심 불 란 자　병 득 상 생

乃至臨終最後十念相續 現在前者得下品 此中菩薩往
내 지 임 종 최 후 십 념 상 속　현 재 전 자 득 하 품　차 중 보 살 왕

生自有三輩 二乘往生自有上中下 凡夫往生自有上中
생 자 유 삼 배　이 승 왕 생 자 유 상 중 하　범 부 왕 생 자 유 상 중

下 各有九品 但經中 不能委細分別 大小凡夫 合論九
하　각 유 구 품　단 경 중　불 능 위 세 분 별　대 소 범 부　합 론 구

品究實即有無量差別也 詳四十八願及觀經旨 凡夫是
품 구 실 즉 유 무 량 차 별 야　상 사 십 팔 원 급 관 경 지　범 부 시

正生 聖人是兼生 彼經唯言為未來世一切凡夫 為煩惱
정 생　성 인 시 겸 생　피 경 유 언 위 미 래 세 일 체 범 부　위 번 뇌

賊之所害者 說清淨業處 勸人往生 不論菩薩
적 지 소 해 자　설 청 정 업 처　권 인 왕 생　불 론 보 살

　만약 용맹하게 정진하여 관觀과 행行이 분명하고 목숨을 마치는 최후의 순간에도 마음이 어지럽지 않는 사람은 다 상품에 왕생하며, 내지 목숨을 마치는 최후에 십념十念이 계속 이어져 앞에 나타나는 사람은 하품에 왕생한다. 이 가운데 보살이 왕생하는 데에는 자연히 세 부류(三輩)가 있고, 이승二乘이 왕생하는 데에도 자연히 상중하가 있으며, 범부가 왕생하는 데에도 자연히 상중하가 있으므로 각 구품이 있는 것이다. 다만 경 가운데에는 자세하게 구별하여 나누지 않고 대승과 소승과 범부를 합하여 구품을 말했으나, 실제로 살펴보면 곧 한량없는 차별이 있는 것이다.

　(『무량수경』의) 48대원과 『관경』의 뜻을 자세히 보면 범부는

정생正生이요 성인은 겸생兼生[188]이다. 저 경(『관경』)에서는 오로지 "미래세에 모든 범부로서 번뇌의 도적에게 해를 입는 자들을 위하여 청정한 업을 말하리라"고 하신 곳에서 사람들에게 왕생을 권하신 것이요, 보살에 대하여는 말씀하지 않으셨다.

於凡夫中 謗大乘人 不得往生 以斷善根故 二乘人中
어 범 부 중 방 대 승 인 부 득 왕 생 이 단 선 근 고 이 승 인 중

愚[189]法學人 不得往生 不信有十方淨土故 菩薩不願生
우   법 학 인 부 득 왕 생 불 신 유 시 방 정 토 고 보 살 불 원 생

者亦復不生 以懸[190]願自在故 若二乘無學 不問愚與不
자 역 부 불 생 이 현   원 자 재 고 약 이 승 무 학 불 문 우 여 불

愚皆得往生 以三界穢土中 無受生處故 生人品類 略
우 개 득 왕 생 이 삼 계 예 토 중 무 수 생 처 고 생 인 품 류 약

義如是
의 여 시

---

188 범부는 정생正生이요 성인은 겸생兼生: 아미타불께서 48대원을 세우시고 극락정토를 완성하신 뜻은 자력으로 불도를 성취하기 힘든, 업보가 많은 범부들을 극락에 왕생케 하여 극락에서 불도를 성취케 하시려는 것이었다. 그러므로 범부에게 있어서는 극락에 왕생하는 것이 바로 가장 중요한 관건이다. 그래서 범부는 정생正生이라 하였다. 다음으로 이승과 보살과 같은 성인은 자력으로 삼계를 초월하였으므로 극락왕생은 겸兼하여 왕생하는 것이 된다. 그래서 겸생兼生이 된다.

189 대정장에는 愚가 惡으로 되어 있다.

190 속장경에는 懸이 悲로 되어 있다.

범부 가운데서 대승을 비방한 사람은 왕생을 얻지 못하는데, 그것은 선근善根을 끊는 까닭이다. 이승二乘의 사람 가운데도 어리석은 법[191]을 배우는 사람은 왕생을 얻지 못하는데, 시방에 정토가 있음을 믿지 않기 때문이다. 보살이라도 왕생을 원하지 않으면 역시 왕생하지 않는데, 원을 세우는 것이 자유자재한 까닭이다. 이승의 아라한은 어리석고 어리석지 않음을 물을 것 없이 다 왕생함을 얻게 되니, 이는 삼계의 예토 가운데는 (그들이) 몸을 받아 태어날 곳이 없기 때문이다. 왕생하는 사람의 품계의 종류(品類)는 대략 뜻이 이와 같다.

---

191 어리석은 법(愚法): 또는 법에 어리석음. 다른 판본에는 악법惡法으로도 되어 있다.

6. 왕생의 어려움과 쉬움

1) 왕생의 우열-도솔천과 극락세계

六往生難易 於中有二 先明二處優劣 後述往生難易
육 왕생난이 어중유이 선명이처우열 후술왕생난이

言優劣者夫總讚實德誰劣[192] 是故齊是法王俱稱善逝
언 우열자부총찬실덕수열   시고제시법왕구칭선서

身充萬能土盈眾美但以為化眾生或居穢土則丘[193]墟
신 충만능토영중미단이위화중생혹거예토즉구   허

滿野 或處淨刹 則奇寶盈封 若論其處 非無優劣
만야 혹처정찰 즉기보영봉 약론기처 비무우열

---

192 속장경에는 誰劣이 誰優誰劣로 되어 있다.

193 대정장과 속장경에는 丘가 近으로 되어 있다.

여섯 번째는 왕생의 어려움과 쉬움이다.

왕생의 어려움과 쉬움에는 두 가지가 있다. 먼저 두 곳(극락과 예토)의 나음과 못함(優劣)을 밝히고, 나중에는 왕생의 어려움과 쉬움(難易)을 서술하고자 한다.

먼저 '나음과 못함'에 대해 말한다. 무릇 진실한 전체적으로 덕德을 찬탄한다면 누가 낫고 누가 못하겠는가? 그러므로 다 같이 법왕[194]이요 모두가 선서善逝[195]라 부를 수 있으니, 몸에는 만 가지 능력(萬能)이 가득하고 국토에는 온갖 아름다움이 그득하다. 다만 중생을 교화하기 위하여 혹 예토에 머무시면 큰 언덕과 공터가 들판에 가득하고, 혹 극락정토에 거하시면 진기한 보배가 땅에 가득하다. 그래서 만약 그런 곳을 말하자면 나음과 못함이 없지도 않는 것이다.

兜率天宮 則搆虛而立 極樂世界 則就地而安 此則人
도 솔 천 궁 즉 구 허 이 립 극 락 세 계 즉 취 지 이 안 차 즉 인

天趣別 若據此土法論彼界 則天優人劣也 若論淨穢
천 취 별 약 거 차 토 법 론 피 계 즉 천 우 인 열 야 약 론 정 예

者 兜率是穢界 極樂則淨刹
자 도 솔 시 예 계 극 락 즉 정 찰

---

194 법왕法王: 부처님은 법(진리)의 주인이며, 중생을 교화함에 자유자재한 묘용妙用이 있으므로 법왕이라 부른다.

195 선서善逝: 부처님의 일컫는 열 가지 명호(佛十號)의 하나. 인因으로부터 과果에 잘 가시어 돌아오지 않는다는 뜻. 부처님은 여실히 열반으로 가시어 다시 생사에 빠지지 않기 때문에 잘 가신 분, 곧 선서라고 부른다.

도솔천궁은 곧 허공에 매여 세워져 있고, 극락세계는 곧 땅에
의지하여 안립되어 있으니, 이는 곧 인간과 천상계가 구별되는
것이다. 그런데 만약 인간계의 법에 의거하여 저 천상계를 논한다
면 천상은 낮고 인간은 못하며, 만약 깨끗함과 더러움으로 논한다
면 도솔천은 더러운 세계이고 극락은 깨끗한 세계이다.

麤分此彼 有其十四異 謂兜率天界地挾隘 亦男女雜
추 분 차 피 　유 기 십 사 이 　위 도 솔 천 계 지 협 애 　역 남 녀 잡

居 亦有現行欲染 亦有退轉 亦壽四千歲 仍有中天 身
거 　역 유 현 행 욕 염 　역 유 퇴 전 　역 수 사 천 세 　잉 유 중 요 신

量亦爾 又三性心起 故以惡心或墮地獄 又三受互起
량 역 이 　우 삼 성 심 기 　고 이 악 심 혹 타 지 옥 　우 삼 수 호 기

又六塵境令人放逸 又男生在父膝 女在母膝 又唯以
우 육 진 경 령 인 방 일 　우 남 생 재 부 슬 　녀 재 모 슬 　우 유 이

菩薩為說法主 又或得聖果 或有不得 若西方土 反此
보 살 위 설 법 주 　우 혹 득 성 과 　혹 유 부 득 　약 서 방 토 　반 차

為相 若就此義 西方大優也
위 상 　약 취 차 의 　서 방 대 우 야

도솔천과 극락을 대충 구분하면 14가지의 다른 점이 있다.
이른바 도솔천은 땅의 경계가 비좁고 험하며, 또한 남자와 여자
가 뒤섞여 살며, 또한 앞에 나타나는 욕심에 물들게 되고, 퇴전함이
있으며, 또 수명이 4천 세이며, 자주 요절함이 있고, 몸의 크기도
역시 그러하며, 또 삼성三性[196]의 마음이 일어나며, 그런 까닭에

악한 마음을 일으켜 혹 지옥에 떨어지기도 하며, 또 삼수三受[197]가 번갈아 일어나며, 또 육진 경계가 사람을 방일하게 하며, 또 남자는 아비의 무릎에서 태어나고 여자는 어미의 무릎에서 태어나며, 또 단지 (미륵)보살을 설법의 법주로 삼으며, 또한 혹 성인의 과를 증득하기도 하고 혹 못하기도 한다.

그러나 서방정토의 경우는 이것과는 반대의 모습이 되니, 이러한 뜻으로 볼 것 같으면 서방정토가 훨씬 더 낫다.

2) 왕생의 난이-도솔천과 극락세계

後論往生難易 或說西方易生 兜率難生 且有七種差
후 론 왕 생 난 이　혹 설 서 방 이 생　도 솔 난 생　차 유 칠 종 차

別 一極樂是人易生 兜率是天難生 二極樂但持五戒
별　일 극 락 시 인 이 생　도 솔 시 천 난 생　이 극 락 단 지 오 계

得生 兜率具修十善方往 三極樂乃至十念往 兜率具
득 생　도 솔 구 수 십 선 방 왕　삼 극 락 내 지 십 념 왕　도 솔 구

施戒修往四西方終憑彌陀佛四十八大願往兜率[198]可
시 계 수 왕 사 서 방 종 빙 미 타 불 사 십 팔 대 원 왕 도 솔　　가

---

196 삼성三性: 선성善性·악성惡性·무기성無記性의 셋을 말한다. 선성은 착한 마음의 성질이며, 악성은 악한 마음의 성질이며, 무기성은 선도 악도 아닌 것이다.

197 삼수三受: 괴로운 느낌(苦受), 즐거운 느낌(樂受), 괴롭지도 즐겁지도 않은 느낌(捨受)을 말한다.

198 속장경에는 兜率 뒤에 無願이란 문장이 더 있다.

憑唯自力往　五西方有觀音菩薩等　當來此土勸進往
빙유자력왕　오서방유관음보살등　당래차토권진왕

兜率無此事　六西方經論具讚勸　兜率但一經讚說　七
도솔무차사　육서방경론구찬권　도솔단일경찬설　칠

古來大德向西方多　向兜率者少　由此義故　西方易往
고래대덕향서방다　향도솔자소　유차의고　서방이왕

生　兜率難上生也
생　도솔난상생야

　다음으로는 왕생의 어려움과 쉬움에 대해 논하겠다. 서방극락에는 왕생하기가 쉽고 도솔천에는 왕생하기가 어렵다고 말하는 데는 또한 7가지의 차별이 있다.

　첫째, 극락은 인간(의 정토)이기에 왕생하기 쉽고, 도솔천은 천상세계이므로 왕생하기 어렵다. 둘째, 극락은 오계五戒만 지키면 왕생할 수 있으나, 도솔천은 십선十善을 다 갖추어 닦아야 왕생할 수 있다. 셋째, 극락은 단지 열 번만 아미타불을 불러도(乃至十念) 왕생할 수 있으나, 도솔천은 보시와 지계 등의 육바라밀을 다 닦아야 왕생할 수 있다. 넷째, 서방극락은 마지막까지 아미타불의 48대원에 의지하여 왕생하게 되지만, 도솔천은 오직 자신의 힘(自力)에만 의지할 수 있을 뿐이다. 다섯째, 서방극락은 관음보살 등 여러 보살이 계시어 항상 이 사바세계에 오시어 극락왕생으로 나아가도록 권하시지만, 도솔천에는 이러한 일이 없다. 여섯째, 서방극락은 경經과 논論에서 다 같이 찬탄하며 왕생을 권하고 있지만, 도솔천은 단지 경에서만 한 번 찬탄할 뿐이다. 일곱째, 예로부터 덕이 높은 분(大德)들은 서방극락을 지향한 경우가 많았으며, 도솔천을 지향하는 경우는 적었다.

　이러한 뜻이 있는 까닭에 서방극락에는 왕생하기가 쉽고, 도솔천에는 올라가기가(上生) 어려운 것이다.

或說兜率易生 極樂難生 所以知者 知足天宮同在此[199]
혹 설 도 솔 이 생　극 락 난 생　소 이 지 자　지 족 천 궁 동 재 차

內 亦[200]大小所共信許 旣是化身[201] 決[202]定得生 准上生
내 역　대 소 소 공 신 허　기 시 화 신　결 정 득 생　준 상 생

經四衆行六度事法八部聞名喜讚[203]懺悔惡業修十事
경 사 중 행 육 도 사 법 팔 부 문 명 희 찬　참 회 악 업 수 십 사

行 迴願生彼 一切皆得[204] 極樂世界准對法論別時意趣
행 회 원 생 피　일 체 개 득　극 락 세 계 준 대 법 론 별 시 의 취

者 如說若有願生極樂世界 得往生意在別時 猶貨一
자　여 설 약 유 원 생 극 락 세 계　득 왕 생 의 재 별 시　유 화 일

錢而得千錢 故彼經言 非小善根因緣而得生彼 天親
전 이 득 천 전　고 피 경 언　비 소 선 근 인 연 이 득 생 피　천 친

論云女人及根闕二乘種不生又[205]彼佛毫相如五須彌
론 운 여 인 급 근 궐 이 승 종 불 생 우　피 불 호 상 여 오 수 미

---

199 속장경에는 此 뒤에 界란 글자가 더 있다.
200 亦이 대정장에는 不로, 속장경에는 外로 되어 있다.
201 대정장과 속장경에는 身이 在로 되어 있다.
202 대정장에는 決이 故로 되어 있다.
203 속장경에는 喜讚이 歡喜로 되어 있다.
204 속장경에는 得 뒤에 生자가 더 있다.

豈凡夫類能見此相如是等義誠²⁰⁶證非一是故願西方
기 범 부 류 능 견 차 상 여 시 등 의 성　 증 비 일 시 고 원 서 방

萬一不生
만 일 불 생

　혹 어떤 사람은 "도솔천에 왕생하기는 쉽고 극락에 왕생하기는 어렵다"고 말한다. 그 까닭은, 지족천궁(知足天宮, 도솔천)이 이 삼계 안에 함께 있으며, 또한 대승과 소승이 함께 믿고 칭찬한 것이어서, 이미 변화된 몸으로 반드시 왕생한다고 아는 것이다. 『미륵상생경』에 의거해도 "사부대중이 육바라밀의 법을 행하거나 천룡팔부가 (미륵보살의) 명호를 듣고 기뻐 찬탄하며 악업을 참회하고 십선업을 닦아 저 도솔천에 왕생하기를 원하면 모두 다 왕생함을 얻는다"고 하셨다. 또한 『대법론』²⁰⁷에 의거해도 "별시

205　대정장과 속장경에는 又가 可로 되어 있다.

206　대정장과 속장경에는 誠이 成으로 되어 있다.

207　『대법론對法論』: 인도불교 유식학唯識學의 총 3기 중 제3기의 논사인 안혜(安慧, 475~555)가 제1기의 논사 무착(無着, 300~390년경)이 지은 『대승아비달마집론』과 무착의 제자이자 동생인 사자각師子覺이 지은 『대승아비달마집론』에 대한 주석서를 합하여 편찬한 논서인 『대승아비달마잡집론大乘阿毘達磨雜集論』을 말한다. 당나라 때 현장玄奘이 646년에 번역하였다. 줄여서 『잡집론』이라고도 한다. 『잡집론』은 유식유가행파의 법상法相, 즉 제법분별諸法分別을 해설하고 있는 논서로, 내용 체계를 따라 일체법의 현상 전체를 5온, 18계, 12처로 분류하고 현상 세계가 실재하는 존재(法)가 아니라 의식(마음)의 산물이라는 것을 논하고 있으며, 또 불교의 기본 교의인 사성제를 상세히 설명하고 있다.

174

의취[208]란 '만약 극락세계에 왕생하기를 발원하면 왕생을 얻는다'
고 말하는 것과 같다"고 했는데, 그 뜻이 다른 때(別時)에 있는
것은 마치 (『섭대승론석』에서 말하는) "마치 한 푼의 돈으로 천
푼의 돈을 얻으려는 것과 같다." 그러므로 저 『아미타경』에서도
"조그마한 선근의 인연으로는 저 극락에 왕생하지 못한다"라고
말씀하셨고, 『천친론』[209]에서도 "여인과 남근이 없는 자와 이승의
부류는 극락에 왕생하지 못한다"고 하였으며, 또한 '저 부처님의
미간백호상은 다섯 수미산과 같으시니 어찌 범부의 무리가 능히
이 상호를 볼 수 있겠는가?'라고 하였다. 이와 같은 말들의 뜻이

---

208 별시의취別時意趣: 범어는 kālāntarābhiprāya로 별시의別時意·별시別時·
시절의취時節意趣라고도 한다. 사의취(四意趣: 평등의취平等意趣·별시의
취·별의의취別義意趣·중생락욕의취衆生樂欲意趣의 하나이다. 별시의취
란 부처님의 설법 가운데 말씀 외에 따로 특별하고 비밀한 뜻이 있다고
보는 것이다. 예컨대 다보불의 명호를 부르면 반드시 무상보리를 얻을
수 있다든가, 서방정토 왕생을 원하고 아미타불을 부르면 극락에 왕생한다
는 것과 같은 것이다. 곧 그 증과證果를 눈앞에서 즉시 얻을 수 있는
것은 아니지만 게으른 자로 하여금 정진하고 노력하도록 권하기 위하여
멀리 미래의 어느 때(別時)에 얻을 이익을 미리 말해주는 것을 뜻한다.(『불
광대사전』, p.1781 참조)
209 『천친론天親論』: 여기에 두 가지가 있다. 인도의 세친(천친)보살이 『금강경
』을 27단의에 의거하여 해석한 『금강반야경의천친보살론찬략석진본의기
金剛般若經依天親菩薩論贊略釋秦本義記』를 가리키기도 하고, 세친보살이 『
무량수경』을 해설한 『무량수경우파제사원생게無量壽經優波提舍願生偈』
(왕생론)를 가리키기도 하는데, 여기서는 『왕생론』을 말한다.

진실로 그 증거가 한둘이 아니므로 서방극락에 왕생하기를 원한다 해도 만에 하나라도 왕생하지 못한다는 것이다.

或說 在前二說 幷不盡理 凡其往生難易 一任因緣 緣
혹 설 재 전 이 설 병 부 진 리 범 기 왕 생 난 이 일 임 인 연 연

謂諸佛菩薩同體大悲 因是四衆九輩所起願行 同體之
위 제 불 보 살 동 체 대 비 인 시 사 중 구 배 소 기 원 행 동 체 지

悲雖無局人衆生之業猶是參差 若是業因熟者隨願[210]
비 수 무 국 인 중 생 지 업 유 시 참 차 약 시 업 인 숙 자 수 원

便生 非以人天如難往 亦以淨穢如有礙 若其願行闕
변 생 비 이 인 천 여 난 왕 역 이 정 예 여 유 애 약 기 원 행 궐

因[211]者 在前無感[212] 豈由同界而易生 復以化身而輒謁
인 자 재 전 무 감 기 유 동 계 이 이 생 부 이 화 신 이 첩 알

혹 어떤 사람은 "앞의 두 이야기(극락왕생이 쉽다거나, 도솔천왕생이 쉽다고 한 말)가 다 이치에 맞지 않으니, 무릇 그 왕생함의 어려움과 쉬움은 인연에 맡길 것이다"라고 말한다. 여기서 연(緣, 간접 원인)이란 모든 부처님과 보살님의 동체대비同體大悲를 말하며, 인(因, 직접 원인)이란 구품에 왕생하는 무리(九輩)의 사부대중이 일으킨 원願과 행행을 말한다. 동체대비는 비록 사람에게만 국한된 것은 아니지만, 중생의 업은 오히려 들쑥날쑥하다. 만약

---

210 대정장과 속장경에는 隨願이 願隨로 되어 있다.
211 대정장에는 因이 聞으로 되어 있고 속장경에는 因자가 없다.
212 대정장에는 感이 誠으로 되어 있다.

업인業因이 성숙된 자라면 원을 따라 바로 왕생하게 되는 것이니, 인간이나 천상이기 때문에 왕생하기 어렵다거나 또한 정토거나 예토이기 때문에 장애가 있는 것은 아니다. 만일 그 원과 행이 없는 자는 (도솔천이나 극락이) 바로 앞에 있어도 느끼지 못할 것이니, 어찌 같은 세계라 해서 왕생이 쉽고, 또 화신불의 몸이라 해서 곧 뵐 수 있겠는가!

由是王舍城內 三億餘家 同居一城 而不聞如來之名
유 시 왕 사 성 내 삼 억 여 가 동 거 일 성 이 불 문 여 래 지 명

那落伽中 九十億人 別住難家 猶來見金色之相 則知
나 락 가 중 구 십 억 인 별 주 난 가 유 래 견 금 색 지 상 즉 지

衆生起行 良由勝緣之相屬 有失不失 或有性自屬彌
중 생 기 행 양 유 승 연 지 상 속 유 실 부 실 혹 유 성 자 속 미

陀 或有本來繫慈氏 如逐所屬 各得道速 設於無屬 多
타 혹 유 본 래 계 자 씨 여 축 소 속 각 득 도 속 설 어 무 속 다

勞少益
로 소 익

이런 까닭에 왕사성 안에는 3억이 넘는 가구가 같은 한 성에서 살았지만 여래의 명호를 듣지 못하기도 했으며, 나락가(지옥) 가운데는 90억이나 되는 사람이 제각각 어려운 집안에서 살고 있으나 오히려 부처님의 금색 상호를 와서 뵙는 자가 있다. 그러므로 중생이 수행을 일으키는 것이 진실로 수승한 연(불보살의 동체대비)에 속하는가에 따라 잃기도 하고 잃지 않기도 한다는 것을

알 수 있다. 따라서 어떤 사람은 성품이 아미타불에게 속해 있기도
하고, 어떤 사람은 본래 미륵보살과 맺어져 있기도 하다. 만약
자기가 속한 곳에 따르면 각각 빨리 도를 얻을 것이고, 가령 속한
곳이 없으면 노력을 많이 해도 이익은 적을 것이다.

是故長者之婢母 受化於羅云 非想三天子 悟道於遣
시 고 장 자 지 비 모　수 화 어 라 운　비 상 삼 천 자　오 도 어 견

身 然則委心所尊 競務其業 往生之易 早于彈指 何為
신　연 즉 위 심 소 존　경 무 기 업　왕 생 지 이　조 우 탄 지　하 위

徒交難易之論 如其發心決定無疑 六事易是辨 九品
도 교 난 이 지 론　여 기 발 심 결 정 무 의　육 사 이 시 변　구 품

非難修
비 난 수

　그러므로 장자長者의 하녀는 라운(羅云, 라훌라)에게 교화를
받았고, 비상천[213]의 천자天子는 몸을 버린 후에 도를 깨달았다.
그러므로 마음을 세존께 맡기고 그 업을 닦는 데 힘쓰면 왕생하기
가 쉬움이 손가락을 퉁기는 것보다 빠르다. 어찌 쓸데없이 왕생이

---

213 비상천非想天: 비상비비상천非想非非想天, 비상비비상처非想非非相處라고
　도 한다. 무색계無色界의 제4천으로 삼계三界의 가장 위에 있으므로 유정천
　有頂天이라고도 한다. 이 하늘에 태어나는 자는 하지下地와 같은 거친
　생각이 없으므로 비상非想, 또는 비유상非有想이라고 하지만 세밀한 생각
　이 없지 아니하므로 비비상非非想, 또는 비무상非無想이라고도 한다. 비유
　非有이므로 외도外道들은 이를 진열반처眞涅槃處라하지만, 불교에서는 이
　것도 비무상非無想이므로 생사하는 세계라고 한다.

어려우니, 쉬우니 하고 논쟁만 하고 있겠는가.

만약 그 발심하는 것이 확고하여 의심이 없으면 육바라밀도
쉽게 갖추게 되고 구품에 왕생함을 닦는 일도 어렵지 않은 것이다.

罪業雖多 銷過 朝陽之却暗界 趣雖幽阻 通逾 王印之
죄 업 수 다 소 과 조 양 지 각 암 계 취 수 유 조 통 유 왕 인 지

開塞 但以刻²¹⁴舟之學徒 守株之行者 疑乎覆千界之舌
개 새 단 이 각　주 지 학 도 수 주 지 행 자 의 호 복 천 계 지 설

相誠言 信乎愚一心之井蛙²¹⁵曲說 豈非藏匵²¹⁶燕石 疑
상 성 언 신 호 우 일 심 지 정 와　곡 설 기 비 장 독　연 석 의

慮隋珠 悲復哀哉
려 수 주　비 부 애 재

죄업이 비록 많다 해도 아침햇살에 어둔 세계가 사라지는 것보다
더 빨리 없어질 것이며, 악취惡趣에 비록 깊이 막혀 있다 해도
왕인(王印: 왕의 옥새 또는 왕명)으로 막힌 문을 여는 것보다 더
잘 통할 것이다. 다만 헛된 고생만 하는 학도²¹⁷나 한곳에만 집착하

214 대정장과 속장경에는 刻(새길 각)이 尅(이길 극, 자를 극)으로 되어 있다.
215 대정장에는 蛙曲이 蝦(두꺼비 하)로 되어 있다.
216 대정장에는 匵(궤짝 독)이 遺으로 되어 있다.
217 원문은 '刻舟之學徒'. 각주구검刻舟求劍의 고사처럼 헛된 고생만 하는 학도.
　　각주구검이란 배의 밖으로 칼을 떨어뜨린 사람이 나중에 그 칼을 찾기
　　위해 배가 움직이는 것도 생각하지 아니하고 칼을 떨어뜨린 뱃전에다
　　표시를 하였다는 뜻에서, 시세의 변천도 모르고 낡은 것만 고집하는 미련하
　　고 어리석음을 비유적으로 이르는 말이다. 『여씨춘추呂氏春秋』「찰금편察

는 행자²¹⁸는 삼천대천세계를 덮을 만한 설상舌相으로 진실하게 이르신 말씀을 의심하고 만다. 이렇게 어리석은 하나의 마음으로 우물 안 개구리처럼 왜곡된 말만 믿으니, 어찌 연석燕石²¹⁹을 궤짝에 두고서 수주隋珠²²⁰라고 생각하여 염려하는 격이 아니겠는가? 슬프고도 애석한 일이다.

今篇」에 나온다.

218 원문은 '守株之行者'. 수주대토守株待兎의 고사처럼 융통성 없이 한곳에만 집착하는 행자. 수주대토란 중국 송宋나라의 한 농부가 나무 그루터기에 달려와 부딪쳐 죽은 토끼를 우연히 잡은 후에, 또 그와 같이 토끼를 잡을 것을 기대하여 일도 하지 않고 나무 그루터기만 지키고 있었다는 데서 유래하는 고사이다. 『한비자韓非子』「오두편五蠹篇」에 나온다.

219 연석燕石: 중국 연산燕山에서 산출되는 광석으로 옥과 비슷하지만 진옥眞玉이 아닌 돌. 송宋나라의 어리석은 사람이 이를 진짜 옥으로 믿어 사람들에게 자랑하다가 세상의 웃음거리가 된 고사로『태평광기太平廣記』에 나오는 말이다. 진짜의 가치가 없는 것을 이르는 말, 또는 허식虛飾으로 세상을 살아가는 어리석은 자를 비유하는 말로 쓰인다.

220 수주隋珠: 수후지주隋侯之珠를 말한다. 춘추시대 수隋나라의 군주였던 수후隋侯가 뱀을 도와 준 공으로 얻었다는 매우 귀한 보배 구슬. 달리 명월지주明月之珠, 야광지주夜光之珠, 수화지재隋和之材라고도 하는데, 곧 천하에 이름 난 고귀한 보물을 뜻하는 말로『회남자淮南子』「남명훈覽冥訓」에 나온다.

7. 장애를 풀고 의심을 제거함

1) 별시의의 뜻을 바로 풀이함

第七解妨除疑者 問 如攝大乘論釋 作別時意 豈不是
제 칠 해 방 제 의 자 문 여 섭 대 승 론 석 작 별 시 의 기 불 시

破²²¹耶 答 彼論所明 有別時 有不別時 若唯空發願 卽
파   야 답 피 론 소 명 유 별 시 유 불 별 시 약 유 공 발 원 즉

是別時 若行願兼修 非是別時 若天親菩薩 判十念行
시 별 시 약 행 원 겸 수 비 시 별 시 약 천 친 보 살 판 십 념 행

作別時意者 何故造往生論 勸人往生 又觀經敎興意
작 별 시 의 자 하 고 조 왕 생 론 권 인 왕 생 우 관 경 교 흥 의

者緣韋提希生阿闍世王²²²逆子因厭五濁願生極樂佛
자 연 위 제 희 생 아 사 세 왕   역 자 인 염 오 탁 원 생 극 락 불

---

221 대정장에는 是破가 覺彼로 되어 있다.

222 대정장에는 王이 五로 되어 있다.

即為說三福業 十六觀門 勸衆生往生 乃至十惡五逆
즉 위 설 삼 복 업　십 륙 관 문　권 중 생 왕 생　내 지 십 악 오 역

悉勸往生 既淨土請主身居五濁 復生逆子 佛說皆生
실 권 왕 생　기 정 토 청 주 신 거 오 탁　부 생 역 자　불 설 개 생

即知現居五濁凡夫 悉得往生也矣
즉 지 현 거 오 탁 범 부　실 득 왕 생 야 의

　일곱 번째는 (문답을 통해) 장애를 풀고 의심을 제거하는 부분이다.
　묻는다.『섭대승론攝大乘論』[223]에서 별시의別時意를 세워 해석한 것은 어찌 깨트리는 것이 아니겠는가?
　답한다. 저『섭대승론』에서 밝힌 것은 별시別時도 있고 별시가 아닌 것도 있다. 만약 단지 헛되이 원願만 발한다면 곧 별시이지만, 만약 행과 원을 아울러 닦으면 별시가 아니다. 만약 천친(세친)보살께서 십념의 행만으로 별시의를 지은 것이라 판단하셨다면, 무슨 까닭에『왕생론』을 지어 사람들에게 왕생을 권하셨겠는가? 또한『관경』에서 가르침이 일어나게 된 뜻은, 위제희 부인이 아사세 왕을 낳았는데, 그 아들이 오역죄를 범한 것으로 인하여 오탁악세를 싫어하고 극락왕생을 발원해서이다. 이에 부처님께서는 곧

---

223 무착보살이 지은『섭대승론』에 별시의가 나오지만, 이를 자세히 해설한 것은 세친보살이 지은『섭대승론석』에서이다. 따라서 여기서『섭대승론』이라 한 것은『섭대승론』과『섭대승론석』을 함께 말하는 것으로 볼 수 있다.

3가지 복을 닦는 업(三福業)과 16관(觀)의 법문을 설하시어 중생에게 왕생하기를 권하셨으며, 나아가 십악과 오역을 지은 죄인도 다 왕생할 수 있다고 권하셨다. 이미 정토왕생을 간청한 당사자(위제희 부인)도 몸은 오탁악세에 살고 있으며, 게다가 오역죄를 지은 아들까지 낳았으나 부처님께서는 모두 왕생할 수 있다고 말씀하셨으므로, 현재 오탁악세에 살고 있는 범부도 다 극락세계에 왕생할 수 있다는 것을 알 수 있다.

問 韋提希是大菩薩 為化眾生 現受女身 生於逆子 豈
문 위 제 희 시 대 보 살 위 화 중 생 현 수 여 신 생 어 역 자 기

實是凡夫類耶 答 縱令實是菩薩 現受女身 化眾生者
실 시 범 부 류 야 답 종 령 실 시 보 살 현 수 여 신 화 중 생 자

必須隱其實能 現同凡夫 攝化同類 即現同凡夫 身居
필 수 은 기 실 능 현 동 범 부 섭 화 동 류 즉 현 동 범 부 신 거

五濁 常知即引五濁凡夫往生極樂也 攝論曰 由唯發
오 탁 상 지 즉 인 오 탁 범 부 왕 생 극 락 야 섭 론 왈 유 유 발

願 是別時意 故知三福十六觀 七日念佛等 那別時也
원 시 별 시 의 고 지 삼 복 십 륙 관 칠 일 염 불 등 나 별 시 야

문는다. 위제희 부인은 큰 보살이며, 중생을 교화하기 위해 현세에 여인의 몸을 받아 오역죄를 지은 아들을 낳은 것이다. 어찌 실제로 범부의 부류일 것인가?

답한다. 설사 실제로는 보살이라 하더라도 현세에 여인의 몸을 받아 중생을 교화하는 경우는 반드시 그 실제 능력을 감추기에

현세의 범부와 같이 나타나 동류를 거두어 교화한다. 곧 현세의 범부와 같이 몸은 오탁악세에 살지만 항상 오탁악세의 범부를 인도하여 극락으로 왕생케 한다는 것을 알아야 한다. 『섭대승론』에서 말하기를 "오직 원願만 발하기 때문에 별시의別時意라 한다"라고 했다. 그러므로 알 것이니, 3복과 16관과 7일 염불 등을 어찌 별시라 하겠는가?

2) 여인, 불구자, 이승의 왕생 여부

問如往生論云女人及根缺二乘種[224]不生云何女人等
문 여 왕 생 론 운 여 인 급 근 결 이 승 종　불 생 운 하 여 인 등

三亦得往生 答理實可然若無三[225]種定得往生 言三[226]
삼 역 득 왕 생 답 이 실 가 연 약 무 삼　종 정 득 왕 생 언 삼

種者 一於此土中 或有男子 或有女人種 於女人因決
종 자 일 어 차 토 중 혹 유 남 자 혹 유 여 인 종 어 여 인 인 결

定招女根者 此人縱修淨土行 亦不得往生 以淨土中
정 초 여 근 자 차 인 종 수 정 토 행 역 부 득 왕 생 이 정 토 중

無女人故 此是定業 不可改動 是業障也 盲聾等缺根
무 여 인 고 차 시 정 업 불 가 개 동 시 업 장 야 맹 롱 등 결 근

可知亦爾也 若有悔除 不入其類 二乘者 種二乘因 不
가 지 역 이 야 약 유 회 제 불 입 기 류 이 승 자 종 이 승 인 불

---

224 대정장에는 種이 빠져 있다.

225 한불전에는 三자가 없으나, 문맥과 속장경에 의거해 三을 부기하였다.

226 대정장에는 三자가 正으로 되어 있다.

信大乘 及十方淨土 亦不得生也 彼論所明種者 定業
신 대 승 급 시 방 정 토 역 부 득 생 야 피 론 소 명 종 자 정 업

種也
종 야

묻는다. 예컨대 『왕생론』에서 말하기를 "여인과 남근이 없는
자와 이승二乘의 부류는 극락에 왕생하지 못한다"고 하였다. 그런
데 어떻게 여인 등의 세 부류가 왕생할 수 있겠는가?

답한다. 이치는 실제 그렇지만 만약 세 가지 종성種性으로 정해
지지 않으면 왕생할 수 있다.

세 가지 종성이라 말하는 것은, 첫째로 이 예토에는 혹 남자도
있고 혹 여인의 종성도 있다. 여인이 될 인因은 반드시 여인의
근성을 초래하므로, 이 사람은 비록 정토 수행을 닦을지라도 또한
왕생을 얻지 못한다. 왜냐하면 정토에는 여인이 없는 까닭이다.
이것은 정해진 업이어서 움직이거나 바꿀 수 없으니 이것이 업장
이다.

둘째로 맹인이나 귀머거리 등 오근五根이 결여된 자도 역시
그러함을 알아야 한다. 만약 참회하여 업장을 제거하면 (왕생을
할 수 없는) 그런 부류에 들지 않는다.

셋째로 이승(二乘: 성문과 연각)은 종자가 이승의 인因이어서
대승과 시방정토를 믿지 않기 때문에 또한 왕생을 얻지 못한다.
저 『왕생론』에서 밝힌 종種이란 업이 정해진 종성을 말하는 것이다.

186

問 若爾 何故觀經曰 受持五戒 即生至彼 聞說四諦
문 약이 하고관경왈 수지오계 즉생지피 문설사제

悟羅漢果等
오 나 한 과 등

答 此不愚法人 信有十方諸佛 及淨土發願往生 若悟
답 차불우법인 신유시방제불 급정토발원왕생 약오

果竟 佛爲說法華經並迴心向大 是智度論之所判也
과경 불위설법화경병회심향대 시지도론지소판야

묻는다. 만약 그렇다면 무슨 까닭에『관경』에서는 "오계를 받아
지니면 곧 왕생하여 극락에 이르고, 사제四諦를 설하는 것을 들으
면 아라한과 등을 깨닫는다"라고 말씀하셨는가?

답한다. 이것은 법法에 어리석지 않은 사람이 시방에 모든 부처
님과 정토가 있음을 믿고 그곳에 왕생하기를 발원하는 경우이다.
만약 그가 과(果, 아라한과)를 깨달아 마치면 부처님께서『법화
경』을 설하시고 아울러 그 마음을 돌려 대승으로 향하게 하시는
것이다. 이는『대지도론』에서 판석한 것이다.

3) 임종 때 십념으로 왕생이 가능한 이유

問 衆生惡業甚重 能障於淨土 非小善能除 何故觀經
문 중생악업심중 능장어정토 비소선능제 하고관경

云 臨終十念即往生得也 答 心是業主受生之本 臨終
운 임종십념즉왕생득야 답 심시업주 수생지본 임종

之心 猶如眼目 能導一切業 若臨終心惡 能引一切惡
지심 유여안목 능도일체업 약임종심악 능인일체악

業 若心善者 能引一切善業 如龍所行 雲即隨之 心若
업 약심선자 능인일체선업 여룡소행 운즉수지 심약

西逝業亦隨之
서서업역수지

묻는다. 중생의 악업은 깊고도 무거워서 능히 정토에 왕생하는 것을 가로막으니, 적은 선으로는 그 업장을 없앨 수 없다. 그런데 무슨 까닭에 『관경』에서는 "임종할 때에 열 번 염불하는 것(臨終十念)만으로도 왕생할 수 있다"라고 말씀하셨는가?

답한다. 마음은 업의 주인이고 다음 생을 받는 근본이기에, 임종할 때의 마음은 마치 보는 눈과 같아서 모든 업을 이끌 수 있다. 만약 임종 때의 마음이 악하면 모든 악업을 이끌고, 만약 마음이 착하면 능히 모든 착한 업을 이끈다. 마치 용이 가는 곳에 구름이 용을 따르는 것과 같아서, 마음이 만약 서방극락으로 가면 업도 역시 마음을 따르는 것이다.

問 如彌勒所問經說 十念中云 非凡夫念 不雜結使念
문 여미륵소문경설 십념중운 비범부념 부잡결사념

今此衆生體是凡夫 結使不斷 云何念佛而得生耶 答
금차중생체시범부 결사부단 운하염불이득생야 답

或云 若如彼經 唯佛一人得生 餘皆不得 以十地後心
혹운 약여피경 유불일인득생 여개부득 이십지후심

菩薩猶[227]有二種無明故 今解彼經云 凡夫念者若不發
보 살 유　유 이 종 무 명 고 금 해 피 경 운 범 부 염 자 약 불 발

菩提心 求出三界作佛 而直爾但念佛求生者 是凡夫
보 리 심 구 출 삼 계 작 불 이 직 이 단 염 불 구 생 자 시 범 부

念 彼不得生 故皆須發菩提心也 不雜結使念者 唯須
염 피 부 득 생 고 개 수 발 보 리 심 야 부 잡 결 사 념 자 유 수

一心相續 觀佛相好 而若口念佛 心緣五欲者 是雜結
일 심 상 속 관 불 상 호 이 약 구 염 불 심 연 오 욕 자 시 잡 결

念也念佛是淳淨心 與結使相違也 或有異義見前門[228]
염 야 염 불 시 순 정 심 여 결 사 상 위 야 혹 유 이 의 견 전 문

　묻는다. 『미륵소문경』에서 십념을 설한 가운데 말씀하시기를
"십념이란 범부의 생각도 아니고 잡된 번뇌에 매인 생각도 아니다"
라고 하셨다. 지금 이 중생 자체는 범부이고 번뇌를 끊지 못하고
있는데, 어떻게 염불을 해서 왕생할 수 있다고 하는가?

　답한다. 어떤 이가 말하기를 "만약 저 경(미륵소문경)의 말씀과
같다면 오직 부처님 한 분만 왕생할 수 있고 나머지는 다 왕생할
수 없다. 왜냐하면 십지十地 이후의 마음을 지닌 보살도 오히려
두 가지 무명無明이 있기 때문이다"라고 한다. 이제 저 경에서
말씀하신 '범부의 생각'이란 것을 풀이하자면, 보리심을 발하지
않고서 삼계를 벗어나 부처를 이루기를 구하며, 곧바로 염불만
하여 극락에 왕생하기를 구하는 것이다. 이것은 범부의 생각이니

---

227 대정장에는 猶자가 獨으로 되어 있다.
228 대정장에는 門자가 同으로 되어 있다.

저 극락에 왕생할 수 없다. 그러므로 모름지기 모두가 보리심을 발해야만 하는 것이다.

'잡된 번뇌에 매인 생각'이란 것은 오직 모름지기 한마음으로 계속 이어서(一心相續) 부처님의 상호相好를 관하고, 입으로는 염불을 하는 것이다. 마음이 오욕에 끄달리는 것이 잡된 번뇌에 매인 생각이다. 염불은 순수하고 청정한 마음이므로 번뇌와는 서로 어긋나는 것이다. 혹 다른 의미가 있으면 앞부분을 보면 된다.

問 眾生罪業 大積如山 何得十念 須滅爾許惡業 假令
문 중생죄업 대적여산 하득십념 수멸이허악업 가령

百千萬徧猶是太少 若不滅惡業 復何得往生淨土乎
백천만편유시태소 약불멸악업 부하득왕생정토호

答 有三義 一者若臨終時 正念現前者 此心能引無始
답 유삼의 일자약임종시 정념현전자 차심능인무시

以來 及一生所作善業 共相資助 即得往生也 二者諸
이래 급일생소작선업 공상자조 즉득왕생야 이자제

佛名號 總萬德成 但能一念念佛名者 即一念之中總
불명호 총만덕성 단능일념염불명자 즉일념지중총

念萬德 則滅罪業 惡業礙往 除罪何繫 故下品生中云
념만덕 즉멸죄업 악업애왕 제죄하계 고하품생중운

稱佛名故 於念念中 除八十億劫生死之罪 三者無始
칭불명고 어염념중 제팔십억겁생사지죄 삼자무시

惡業 從妄心生 念佛功德 從真心起 真心如日 妄心如
악업 종망심생 염불공덕 종진심기 진심여일 망심여

闇 真心暫起 妄念卽除 如日始出 衆暗悉除 由此三義
암 진심잠기 망념즉제 여일시출 중암실제 유차삼의

乃至臨命終時 十念成就者 定得往生
내지임명종시 십념성취자 정득왕생

묻는다. 중생의 죄업은 산과 같이 크게 쌓였는데 어떻게 열 번 염불하는 것만으로 반드시 이러한 악업을 없앨 수 있겠는가? 가령 백번 만 번을 염불한다 해도 오히려 크게 모자랄 것이다. 만약 악업을 소멸하지 못한다면 또한 어떻게 극락정토에 왕생할 수 있겠는가?

답한다. 세 가지 의미가 있다. 첫째, 만약 임종할 때 바른 생각(正念)이 앞에 나타나는 사람은 능히 이 마음이 시작 없는 때로부터, 그리고 일생 동안 지은 착한 업을 이끌 수 있기에 함께 서로 도와 곧바로 왕생할 수 있다.

둘째, 모든 부처님의 명호는 만 가지 공덕(萬德)을 다 합하여 이루어졌으므로 단지 한 생각만으로도 부처님 명호를 생각하면 곧 한 생각 가운데 만 가지 공덕을 합친 생각(念)이 되므로 바로 죄업이 소멸된다. 악업이 왕생에 장애가 되나 죄를 제거하였으니 무엇에 걸리겠는가? 그러므로 『관경』 하품하생 가운데 말씀하시기를 "아미타불의 명호를 부르는 까닭에 생각생각 가운데 팔십억 겁 동안 지은 생사가 죄가 사라진다"라고 하셨다.

셋째, 시작 없는 때로부터의 악업은 허망한 마음(妄心)으로부터 생기며, 염불의 공덕은 참마음(眞心)으로부터 일어난다. 참마음은 해와 같고 허망한 마음은 어둠과 같다. 참마음이 잠깐 일어나면 허망한 마음이 없어지는 것이 마치 해가 처음 뜨기 시작하면 모든 어둠이 다 사라지는 것과 같다. 이러한 세 가지 뜻으로 말미암아 임종할 때 십념을 성취하는 사람은 결정코 왕생할 수 있는 것이다.

4) 정토의 종지는 원래 범부를 위한 것

問 淨土勝妙 是法王所居 蓮華臺藏 非凡夫行處 理須
문 정토승묘 시법왕소거 연화대장 비범부행처 이수

凡行凡地 聖踐聖場 寧得底下凡夫 生斯妙處
범행범지 성천성장 녕득저하범부 생사묘처

答 是凡夫即不得遊於淨土 既是法王 何得踐於五濁
답 시범부즉불득유어정토 기시법왕 하득천어오탁

雖是法王 為化眾生故 遊於五濁 亦雖是凡夫 為供養
수시법왕 위화중생고 유어오탁 역수시범부 위공양

佛故 生於淨土 又四十八大願 初先為一切凡夫 後兼
불고 생어정토 우사십팔대원 초선위일체범부 후겸

為三乘聖人 故知淨土宗意 本為凡夫 兼為聖人也 又
위삼승성인 고지정토종의 본위범부 겸위성인야 우

十解以去 不畏生惡道 故可不²²⁹願生淨土 故知淨土奧
십해이거 불외생악도 고가불 원생정토 고지정토오

---

229 대정장에는 不자가 없다.

意 本爲凡夫 非爲菩薩也
의 본위범부 비위보살야

　묻는다. 정토는 미묘하고 수승하여 법왕法王이 머무는 곳이며 연화장세계(정토)는 범부가 갈 곳이 아니다. 이치로 보아도 모름지기 범부는 범부의 땅으로 가고 성인은 성인의 도량을 밟는 것인데, 어찌 낮고 하찮은 범부가 이런 미묘한 곳에 왕생할 수 있겠는가?

　답한다. 만일 범부가 정토에서 노닐 수 없다면 어찌 법왕이 오탁악세를 밟을 수 있겠는가? 비록 법왕이라도 중생을 교화하기 위한 까닭에 오탁악세에서 노니는 것이고, 또한 비록 범부라도 부처님께 공양하기 위한 까닭에 정토에 왕생하는 것이다. 또 48대원은 처음에 먼저 모든 범부를 위한 것이고, 다음에 겸하여 삼승三乘의 성인을 위한 것이다. 그러므로 정토의 으뜸 되는 취지는 본래 범부를 위하는 것이고, 성인은 겸하여 위한다는 것임을 알아야 한다. 또 십해(十解, 十住) 이상 되는 보살은 악도에 나는 것을 두려워하지 않기 때문에 정토에 왕생하기를 꼭 원하지 않는다. 그러므로 정토의 깊은 뜻은 본래 범부를 위한 것이지 보살을 위한 것이 아님을 알아야 한다.

5) 광명진언의 공덕

問 親遇善緣 預九品生 頻見文義 憤心雲披 若有衆惡
문 친 우 선 연 예 구 품 생 빈 견 문 의 분 심 운 피 약 유 중 악

不識修善 已入三途 爲有方便 救彼亡靈 令除業障 生
불 식 수 선 이 입 삼 도 위 유 방 편 구 피 망 령 영 제 업 장 생

極樂界以不 答 愚情難通 聖敎有術 故不空羂索神變
극 락 계 이 불 답 우 정 난 통 성 교 유 술 고 불 공 견 색 신 변

眞言經 第二十八卷 灌頂眞言成就品曰 爾時十方一
진 언 경 제 이 십 팔 권 관 정 진 언 성 취 품 왈 이 시 시 방 일

切刹土 三世一切如來 毘盧遮那如來 一時皆伸右無
체 찰 토 삼 세 일 체 여 래 비 로 자 나 여 래 일 시 개 신 우 무

畏手 摩淸淨蓮華明王頂 同說不空大灌頂光眞言曰
외 수 마 청 정 연 화 명 왕 정 동 설 불 공 대 관 정 광 진 언 왈

唵(喉中擡聲引呼一) 痾暮伽 廢(無計反)嚕者娜(二) 摩訶畝
옴   아 모 가 폐   로 자 나   마 하 무

捺[230](能乙反) 囉麼抳(三) 鉢頭(二合)麼 入縛攞(四) 跛(二
날   라 마 니   발 두   마 입 박 라   파

合) 囉襪韃野吽(五)
라 말 타 야 훔

若有衆生 隨處得聞此大灌頂光眞言 二三七徧經耳
약 유 중 생 수 처 득 문 차 대 관 정 광 진 언 이 삼 칠 편 경 이

根者 卽得除滅一切罪障 若諸衆生具造十惡五逆四
근 자 즉 득 제 멸 일 체 죄 장 약 제 중 생 구 조 십 악 오 역 사

重諸罪 猶如微塵 滿斯世界 身壞命終 墮諸惡道 以是
중 제 죄 유 여 미 진 만 사 세 계 신 괴 명 종 타 제 악 도 이 시

---

230 대정장에는 捺이 陀로 되어 있다.

真言加持土沙一百八徧 屍陀林中 散亡者 屍骸上 或
진 언 가 지 토 사 일 백 팔 편　시 타 림 중　산 망 자　시 해 상　혹

散墓上塔上 遇皆散之 彼所亡者 若地獄中 若餓鬼中
산 묘 상 탑 상　우 개 산 지　피 소 망 자　약 지 옥 중　약 아 귀 중

若修羅中 若傍生中 以一切不空如來 不空毘盧遮那
약 수 라 중　약 방 생 중　이 일 체 불 공 여 래　불 공 비 로 자 나

如來眞實[231]本願 大灌頂光眞言加持土沙之力 應時即
여 래 진 실　　본 원　대 관 정 광 진 언 가 지 토 사 지 력　응 시 즉

得光明及身 除諸罪報 捨所苦身 往於西方極樂國土
득 광 명 급 신　제 제 죄 보　사 소 고 신　왕 어 서 방 극 락 국 토

蓮華化生 乃至菩提 更不墮落
연 화 화 생　내 지 보 리　갱 불 타 락

묻는다. 친히 착한 인연을 만나면 구품에 왕생하기를 미리 예비하여 자주 경문의 뜻을 보고 구름을 헤치듯 분발하는 마음을 내야 한다. 만약 악업이 많이 있어 선업을 닦는 것을 알지 못해 이미 삼악도에 떨어졌다면, 방편을 써서 저 돌아가신 영가(亡靈)를 구제하여 업장을 없애고 극락에 왕생하도록 할 수 없지 않겠는가?

답한다. 어리석은 마음으로는 통하기 어려우나 성인의 가르침에는 묘한 방법이 있다. 그러므로 『불공견색신변진언경不空羂索神變眞言經』 제28권 「관정진언성취품灌頂眞言成就品」에서 말씀하시기를

"그때에 시방 모든 불국토의 삼세三世 모든 여래와 비로자나여래

---

231 대정장에는 實이 言으로 되어 있다.

께서 일시에 다 두려움 없는 손을 오른쪽에 펴시고 청정연화명왕淸
淨蓮華明王의 정수리를 만지면서 동시에 불공대관정광진언(不空
大灌頂光眞言, 광명진언)을 설하여 말씀하시기를 '옴 아모카 바이로
차나 마하무드라 마니파드마 즈바라 프라바를타야 훔'이라 하
셨다.

   ……

  만약 어떤 중생이 어디서든 대관정광진언을 얻어듣기를 2,
3번이나 7번을 귓가에 스치기만 해도 곧 모든 죄의 장애가 소멸되
고 사라진다. 만약 여러 중생이 십악과 오역죄와 사중죄四重罪를
모두 다 지어 마치 미세한 티끌이 이 세계에 가득한 것과 같아서
몸이 허물어지고 목숨이 다하여 모든 악도에 떨어지는 한이 있어
도, 이 진언을 흙과 모래를 가지고 108번 외우고는(加持), 흙과
모래를 시타림(屍陀林, 시체를 버리는 숲) 가운데의 시신이나 유골
위에 뿌리거나 분묘 위나 탑 위에 뿌리도록 하라. 그러면 저 죽은
자가 만약 지옥에 있거나 아귀, 아수라, 축생계 중에 있을지라도
모든 불공여래不空如來와 불공비로자나여래不空毗盧遮那如來의
진실한 본원本願과 대관정광진언으로 가지한 흙과 모래의 힘으로
즉시에 바로 광명이 몸에 비치어 모든 죄의 업보를 없애고 괴로운
몸을 버리고 서방극락국토에 왕생하여 연꽃에서 화생化生하게
되며, 나아가 보리에서 다시는 타락하지 않는다"라고 하셨다.

196

此等經文 往往而在 悔哉 罪業自造 苦果影追 痛哉
차 등 경 문 왕 왕 이 재 회 재 죄 업 자 조 고 과 영 추 통 재

獨困²³²獨厄 無人救護 自非同體大悲弘濟秘術 誰能遠
독 곤 독 액 무 인 구 호 자 비 동 체 대 비 홍 제 비 술 수 능 원

開幽鍵 昇華臺 雖無他作自受之理 而有緣起難思之
개 유 건 승 화 대 수 무 타 작 자 수 지 리 이 유 연 기 난 사 지

力 則知以遇呪沙即有緣 若不被沙 何論脫期
력 즉 지 이 우 주 사 즉 유 연 약 불 피 사 하 론 탈 기

　이러한 경전의 문장은 자주 있는 것이다. 애석하도다! 스스로
죄업을 지으니 괴로움의 과보가 그림자 따르듯 하는구나. 슬프다!
홀로 괴로움과 재앙을 당하니 구호해 줄 사람이 없구나. 만일
부처님의 동체대비同體大悲로 널리 중생을 제도하시는 비밀스런
묘한 방법이 아니라면 어느 누가 저승의 자물쇠를 열어 연화대로
오르게 할 수 있겠는가? 비록 남이 지은 것을 자기가 받는 이치는
없는 것이지만, 인연이 있으면 생각하기 어려운 힘이 일어나는
것이다. 그러므로 진언을 외운 모래를 만난다는 것이 곧 인연이
있는 것임을 알 수 있다. 만일 모래를 뿌려주는 가피를 받지 못한다
면 어떻게 벗어날 기약을 논하겠는가?

惟夫大悲無方長舌無難不行不信後悔無及²³³然則不
유 부 대 비 무 방 장 설 무 잡 불 행 불 신 후 회 무 급 　연 즉 불

---

232 대정장에는 困이 因으로 되어 있다.
233 대정장에는 及이 反으로 되어 있다.

信用者 徒負厚恩 報日轉遠 有順行者 接魂華蓮 孝順
신 용 자 도 부 후 은 보 일 전 원 유 순 행 자 접 혼 화 련 효 순

便立 幸逢真言 令出不難 凡百君子 誰不奉行 散沙墓
변 립 행 봉 진 언 영 출 불 난 범 백 군 자 수 불 봉 행 산 사 묘

上 尚超逝界 況乎呪衣著身 聆音誦字矣
상 상 초 서 계 황 호 주 의 착 신 영 음 송 자 의

오직 부처님의 대비는 방향이 없고 수많은 말씀들은 잡되지 않으시니, 이를 행하지도 않고 믿지도 않으면 후회해도 돌이킬 수 없을 것이다. 그러므로 믿음으로 받아들이지 않는 사람은 헛되이 부처님의 두터운 은혜에 빚만 지는 것이니, 이 은혜를 갚을 날이 더욱 멀어진다. 그러나 잘 따르며 그대로 행하는 사람은 부처님께서 그 영혼을 연화대로 영접하실 것이니, 효순孝順한 공덕이 바로 세워지게 된다. 다행히 진언을 만나 악도에서 벗어나게 함이 어렵지 않으니, 무릇 모든 군자들이여! 누가 받들어 행하지 않겠는가? 모래를 분묘 위에 뿌리는 것으로도 또한 극락세계에 갈 수 있다는데, 하물며 (돌아가신 분이) 주문으로 지은 옷을 몸에 입으며 진언을 외우는 소리를 듣는 것이겠는가!

遊心安樂道終
유 심 안 락 도 종

유심안락도 끝.

혜봉慧峰 김상조金尙祚(1915~2007)

중앙불교전문학교(동국대학교 전신)와 일본대학 법문학부
종교학과를 졸업하였다.

경남 통영고등학교 교감, 마산대학교(경남대학교 전신) 교수 및
학장, 동국대학교 교수, 사단법인 세종대왕기념사업회
고전번역위원, 왕조실록 번역위원, 대한불교 원효종 중앙종회
의장 및 종정(11대) 등을 역임하였다.

저서 및 역서로 『정통국사』, 『진양지』, 『사십이장경四十二章經』,
『불유교경佛遺教經』, 『금강삼매경론金剛三昧經論』, 『국역
상용법요집』 등 다수가 있다.

유심안락도

초판 1쇄 발행 2015년 8월 7일 | 초판 2쇄 발행 2024년 10월 21일
원효 저 | 혜봉 역주 | 펴낸이 김시열
펴낸곳 도서출판 운주사

(02832) 서울시 성북구 동소문로 67-1 성심빌딩 3층
전화 (02) 926-8361 | 팩스 0505-115-8361
ISBN 978-89-5746-432-8 03220   값 14,000원
http://cafe.daum.net/unjubooks 〈다음카페: 도서출판 운주사〉